文心续雕

应用文写作探析

孙　伟◎著

中国宇航出版社

·北京·

图书在版编目（CIP）数据

文心续雕 ：应用文写作探析 / 孙伟著. -- 北京 ：
中国宇航出版社，2023.1（2023.7重印）
ISBN 978-7-5159-2193-8

Ⅰ. ①文… Ⅱ. ①孙… Ⅲ. ①汉语－应用文－写作－
研究 Ⅳ. ①H152.3

中国版本图书馆 CIP 数据核字(2023)第 006977 号

责任编辑　韩红红　　　**封面设计**　王晓武

出版发行　中国宇航出版社
社　址　北京市阜成路 8 号　**邮　编**　100830
(010)68768548
网　址　www.caphbook.com
经　销　新华书店
发行部　(010)68767386　(010)68371900
(010)68767382　(010)88100613 (传真)
零售店　读者服务部
(010)68371105
承　印　北京厚诚则铭印刷科技有限公司

版　次　2023 年 1 月第 1 版
2023 年 7 月第 2 次印刷
规　格　710 × 1000
开　本　1/16
印　张　13
字　数　175 千字
书　号　ISBN 978-7-5159-2193-8
定　价　49.80 元

本书如有印装质量问题，可与发行部联系调换

前　言

文字出现，代表人类开始写作，其历史不过五六千年，在这期间，人类文明发展很快，但是人类交流方式并没有革命性的变化，没有进化到意识透明的状态、思想体直接读取思想的状态、靠表情和眼神读取意识的状态，语言和文字仍是人类沟通交流的主要方式，各类文书仍是组织间或组织内正式表意的主要方式，因此，对于写作的需求，并没有发生根本的变化。

既然如此，可以认为，研究写作的规律，提升写作能力对人类发展、组织发展以及个人的发展都是具有重要价值的。

从上古结绳记事到后世圣人易之以书契，到应用文和其他“艺文”的分野，再到各类文学作品的繁盛。在此过程中，人类对写作的关注也逐渐由应用文的实用转向“艺文”的审美、启迪、娱乐。应用文写作也就成了写作中的“末品”，康熙年间的吴乔在《答万季野诗问》中通过问答的方式更加形象地阐释了这一现象。他所说的“文喻之炊而为饭”的“文”是以实用为主的公文，这类文章就像吃饭一样具有“养生”“尽年”等实用价值，但却不能如饮酒那样让人陶醉。

吴乔的比喻还揭示了另一个现象，就是在人类的发展中，“艺文”量远小于应用文的量，就像生活中酒的用量远小于主食的用量。一日三餐可以无酒，但是不能少了主食，应用文仍然是以所有机关、企业及社会团体为代表的各类组织“养生”“尽年”大量需要的必需品。

应用文与文学等“艺文”的明显不同在于：艺文是前期的写作决定了写就后的成果，应用文是写就后要产生的效果决定了前期的写作。文秘人员的工作以撰写应用文为主，是受命而作，有很强的目的性，写作过程就是工作过程，写作成果要接受组织检验和考核。写作本身就是无差别的人类劳动，且是工作量极大的脑力劳动。

撰写应用文章也是一种创作，而且创作的时效性要求更高、目的性更强。必须在规定的时间内拿出高质量的文稿，必须在整个组织范围内就某些主题拿出深刻的、权威的思考成果和解决方案，必须要通过文章进行动员部署或行为约束，在组织内实现要达到的目标。因此，撰写应用文章的要求不比文学创作低，在某些方面甚至更高。

文秘工作者或其他人员做文字工作，要追求写作自由，就是能够快速、轻松拿出符合要求的稿子，高质量完成写作任务。我们要会写、能写，掌握写作的规律、职业文章写作诀窍、常用文字材料各类要素的撰写套路、文章目标实现的路径，经过不断的实践和锻炼，才能真正实现写作自由。

在实现写作自由的同时，要追求深度思考，全面系统掌握组织发展形势，挖掘深层次的问题，提出符合组织发展实际的观点、建议、措施，力争影响、促进或者主导组织内一时一地的发展，让组织实现发展自由。

应用文写作自由在一段时间的训练后大概率能够实现。组织的发展自由却是一个很难企及的目标，以组织发展自由为目标的写作，每一篇文章对认识和思考的要求，都超过作者当时的能力水平，都逼迫作者竭尽全力进行开拓和创新。这种情况下，写作根本没有舒适区，也谈不上自由。因此，应用文写作也就有了不同境界，一种是达到一定能力要求后的轻松写作、轻松生活，一种是所有文章写起来都慎始如初、兢兢业业、用思困神。

写作自由停留在文字技巧层面，发展自由则必须触及规律和本质。具体的应用文写作，就是道和术在不同程度的折中和兼顾。

随着社会分工越发细密，社会组织联系愈发紧密，也越发需要应用文来发挥协调、组织、指挥作用。因此，高质量、高效率地写好应用文仍是社会发展的迫切需求。写作本身就是观察问题、解决问题的过程，而且是最深刻的过程。所以总结应用文写作实操过程中的规律，让更多的人吸收借鉴，尽早实现写作自由，也是提升社会运行效率、推动经济社会发展的一件大事。

目 录

一、致用

关于文章的功用，早在曹丕时就有阐述："盖文章，经国之大业，不朽之盛事。"就将奏议、书论、铭诔等应用性文章视作是治理国家的"大业"和个人扬名后世的"不朽"之举。刘勰《章表》篇："章表奏议，经国之枢机"。《书记》篇言"虽艺文之末品，而政事之先务"则更是道明了章表奏议等公文具有治理国家、管理社会的作用，直接实用性乃各类应用文的基本特点。

（一）主要体裁和范畴

对于具体组织而言，应用文是组织立言、通上、约下的主要载体，是组织对上沟通、对下管理的重要工具。应用文的主要任务就是表达组织的观点，发出组织的声音，阐明并推动实现组织的目标。因此应用文写作的出发点就是解决实际问题，推动具体工作。写作中必须聚焦点问题、展思路、亮观点、提要求、定措施。脱离了这些，再漂亮的文字都不值一提。

应用文写作主要关注的内容不过三项。一是说理，就是拿出必要的理论依据、思想认识、观点阐述，解释清楚现实、剖析清楚问题，指出为什么是现在的状态，为什么要采取这种做法而不是另一种做法。二是说事，就是讲清楚做什么、怎么做，既包括提要求，也包括提出工作措施。三是说人，描述人的精神状态、方法与作风、素质与能力，或者在这些方面指出问题、明确要求。三者齐备，文章就可以说清楚为什么做、做什么、怎么做、谁来做，逻辑上就可以用来指导组织的实践，达到致用的目标。

在应用文章中，法定体例的公文是应用文的重要组成部分。同时，会议报告、发言材料、汇报材料、调研报告等代表组织意图的材料也是应用文的重要范畴，在写作方面与公文也有诸多共通之处，但在思想立意、结构布局、遣词造句方面又有相对独特的要求，因此，研究应用文写作或者职业写作规律，研究范围明显大于公文范畴。同时，由于法定公文格式要求相对固定，对写作技巧、技能的要求相对不高，反倒是发言材料、会议报告、汇报材料等，使用频率较高，要求较高，有时影响很大，对写作能力提出了一定的要求，成为文字工作者必须花大力气去面对的事。所以，应用文写作研究，较多针对的是这些文章类别。

（二）应用文的主要特点

致用属性决定了应用文的特点。

1. 受众的约束性

应用文章直接的作用对象或者约束对象是有限的，经过筛选的、确定的。文章受众一般是与文章内容高度相关的，并对文章涉及内容有一定了解的。

2. 环境的约束性

只能涉及写作任务规定的事，在组织所处的环境内写任务规定的事。即使描述的范围非常宽广，涉及的理论非常广博，核心的目的还是解决既定环境下组织存在的问题，推动组织内部的工作。

3. 目标的约束性

应用文章写作的目标是直接的，也是刚性的，达不到预定的目标，文章就是失败的。这要求文章观点要直接、突出，论证要有力、严密。文章的每个字、每句话都要能够直接作用于受众，服务于文章的目标。

4. 时间的约束性

应用文章是为推进工作，无论是长期的还是短期的，无论是综合的还是专项的，工作结束、问题解决，文章就发挥了它的作用，实现了它的价值。鲁迅要求他的文章速朽，而不是不朽，我们的应用文写作，也是希望工作尽快推动，问题尽快解决，让文章随工作一同成为过去。另一方面，工作的时效性，也体现了应用文章写作的时间约束性，必须在恰当的时间点拿出来，发挥其作用。

5. 修辞的约束性

应用文的实用属性、对公属性决定了其修辞与“艺文”有明显不同。应用文本身的目的性以及所推动工作对效率和效果的迫切需要，决定了其修辞风格更趋向于庄重性、规范性、简洁性、准确性和鲜明性。能让人一秒内看明白、记得住的，就不多花第二秒。

6. 感情的收敛性

“艺文”寻求普适性，动辄展示人类共性的内容，以求最大程度地感化、影响他人，让所有人都产生多样的、复杂的感受，“一千个读者就有一千个哈姆雷特”。即使是小众的内容，也要把人类共性的喜怒哀乐作为基础，也要与人共性的内容相连接。艺文之下，人的悲喜并不相通，但努力通过艺文让大家对一件事有所思考和感悟。应用文则无论描述什么样的内容，都会把重点聚焦到文章的目标上，把众人的感情收敛和凝聚起来，共同对文章关注的内容进行感受和思考。应用文不应当有复杂的感情表达，也不应当带来复杂的、多样的感受。

（三）应用文的写作特色

致用的根本属性，也决定了应用文的写作特点。

1. 每篇都是根据需要定做

文体可能相同，结构可能相同，内容可能相似，但是每一篇应用文章都不完全一样或者完全不一样。都需要针对题目进行重新思考和创作，写作虽有一定套路，但是主要集中在行文思考方面，文字本身不具有直接移植性。与其他文章一样的文字，不应该在新的文章中出现，即使是同样的事，组织的需要也会因文章目的不同、对象不同而进行不同的表述。因此应用文的写作经验，其实就是创作的经验，就是创新的经验。可以有观点的借鉴，可以有材料案例的引用，但是必须用创新的方式有机融入到当前的文章之中。

2. 每篇都是组织的成果

每个人的思维方式不同、角度不同、高度不同，同样的问题思考结果就不同。但是组织的需求是完整的、立体的，在一定程度上是要用文章来统一大家思想的，所以就要求文章的主张要么能够覆盖众人所思所想，要么超出众人所思所想，要么能够说服众人统一思想。因此，应用文写作一般要遵守客观的规律，也要符合人心所向。写作时，一般尽一人之所能，去最大程度考虑组织需要，同时也要群策群力，发挥集体的力量和程序的作用，共同思考、把关、补充、完善，尽组织的力量满足组织立体的需求。写作过程中所有的人都是把自己思考的结果拿出来供组织遴选采用。

3. 没有绝对的标准

同样一篇文章不同的人有不同的写法，受个人阅历、知识等的限制，一个人的写法其他人不见得适用，一个人的经验其他人不见得能够借鉴。唯一能够提高能力的方法就是不停地实践，不停地深化对应用文写作的认识，笔下的表达，是写作者个人认识和阅历的体现。应用文写作严格遵循着“文无第一”的原则，但绝对有层次高低之分。

4. 理论和实践有较大距离

写作技巧的传递可意会但难以精准言传，模仿只能形似，神似的真谛不可能迅速掌握，需要长时间的实践、思考和领悟。不经历别人的经验和体会等类似的过程，其他的人无法有效复制，即使经历类似的过程，经验和体会也不尽相同。这决定了写作中知行之间的距离非常遥远，几乎是完全不同的事。写作道理、知识的掌握不必然形成写作能力，更不是掌握了相同技巧就能写出相同质量的文章。写作，不可能像工业生产那样通过既定的工艺、装备和流程，实现标准化、规模化的生产。

5. 能力提升有规律和方法

写作没有捷径，但是写作有规律可循。写作能力没有一步到位的捷径，但是有科学提升的方式和方法。随着人类知识的积累，人们对写作的本质认识越来越深刻，写作中面临的障碍和困难，会有一定的方法和技巧来具体解决。因此，通过不断的总结和提炼，我们可以掌握一定的规律，帮助我们从根本上提升学习写作的效率，快速地提高写作水平。

（四）应用文的主要作用

应用文的作用，主要是通过文字承载的内容，推动组织开展行动，达到“笔杆子和枪杆子结合起来，事情就好办了”的效果。一般而言，应用文在组织内主要发挥以下几个方面的作用。

1. 统一思想、凝聚共识

告诉受众现实是什么、环境是什么，组织应该怎样做。告诉受众组织的态度是什么，思路是什么，努力方向是什么。

2. 指挥调度、统帅行动

告诉受众必须干什么，怎样干才符合组织的需要。文章发布实施后，必然要引起组织的行动。

3. 明确要求、确保效果

告诉受众工作原则和指导思想、工作目标，要求受众必须在要求的指引下做好自己的工作，确保整个组织取得对应的成效。

4. 工作依据、共同遵循

作为受众协调工作的依据，明确责任的依据，进一步开展工作的依据。代表组织发布的应用文章，在组织内具有极高的权威性，是受众共同的遵循。

5. 对外沟通、争取支持

部分应用文代表组织向上级、客户、相关方沟通信息，以便对方了解组织情况，并予以相关支持和合作。

6. 立言立德、展示形象

应用文作为组织思想观念、价值取向的展示载体，要起到立言立德的作用，要能够提出有凝聚力的、体现组织作风和精神风貌的工作主题和组织观点，要能通过阐述组织的观点和价值展示组织的形象，要力争让组织内的观点成为行业和社会的共识，或者启迪行业和社会的思想和理念。

（五）致用带来的写作困惑

有一个问题不容回避，虽然应用文写作是为了致用，但是有时候文章写了不见得真能发挥作用，或者只能在一时一地发挥作用。而能在一时一地发挥作用的文章放在时代传承和社会面影响的角度分析可能不见得立得住脚。

苏轼长达 1700 多字的《议学校贡举状》不可谓不是好文章，也是典型的应用文体裁，但是在真正付诸实施时完败于王安石 160 字的朝堂应对。这就牵扯到另外一个问题，很多人都能依据客观规律，从自己的角度拿出自己的见解，提出自己的观点，写出诸多不同的文章。但是，既定时间和环境下，事情发展的轨迹只有一条，每个人的观点在逻辑上都成立的情况下，真正能够适用的观点只有一个甚至一个都没有，这是应用文写作中经常要面临的困境之一，也是应用文写作必须不断求索、迭代的重要原因。

这种困境对所有从事应用文写作的人都是一种鞭策，要求大家去不断探寻问题的本质，形成可操作、可实施的正确方法和措施。也在要求应用文作者去精准分析和判断谁是主要矛盾，哪方面是主要原因，理性判断不同要素的影响因子，以求得切合实际的决策方案。

这种困境也决定了应用文写作人员的另外一个难题，就是“专”和“通”的问题。致用的特点，决定作者需要掌握更具体、更专业的知识和信息资料，或者写作范围最好不要太宽，最好在自己深入研究过的领域和专职工作的领域从事写作，这样提出的观点才是专业的，在一定程度上正确的概率更高。但是，应用文不按专业或者业务领域进行划分，也不会按专业设置岗位，工作中只要有实际需求，作者必须全面覆盖各个业务领域和专业的内容，做到一专多能。作者也必须擅长写作各种体裁、各种内容的文章，按照要求拿出不同主题、不同类型、涉及不同领域的文章。即使在“多能”的领域，也必须触及问题本质，不能在问题之外绕圈子，不能空有套话虚话，不然无法满足致用的要求。“知者不博，博者不知”，应用文写作就是在满足“知”的前提下，还要尽量满足“博”的需要。

这种困境实际将应用文写作分成了三类，一类为应景之作，逻辑通、话语顺、言辞漂亮、感情充沛，没有多少东西可以实施，也没有多少顾忌，当然也谈不上怎么进一步应用，读完其作用也就发挥了。一类为实操之作，言语所及都是具体的工作事项，不需要多少理论和逻辑，一般公文基本为这类文章，这类文章涉及一项项具体内容，每一个字都在发挥作用，但是往往谈不上需要花费多大心思来写这类文章。一类为综合之作，也是创新之作，综合性的报告、讲话、研究建议等，虽然不能完全排除应景和实操的成分，但一般都要涉及一些重要事项的基本思路、观点和方向，决定后续的实操，这类文章需要花费心思思考与写作，也正是这类文章面临着思考成果正确与否的困境。

按照致用的要求，影响文章命题的矛盾、规律或者因素是写作中应当重点研究和分析的，但是由于应用文的局限性，这些矛盾、规律和因素可能是局部的、短暂的，在外部看来，逻辑甚至是有瑕疵的。而命题之外，总有众人皆知的、普适的、甚至是永恒的规律，但是并不能直接服务文章命题需要，因为大道理行得通的地方没必要再花心思研究，多数是一般之下的特殊之处才需要通过文章谋划。也就出现了一些文章外部人看来不好理解但是好用、一些文章大家都觉得合情合理但是不能解决问题的现象。对于这种现象，我们把文章视为解决专项问题的定制方案即可，在合适的时间地点等环境下，拿出的最佳的解决方案。但是这种特点，不代表文章就不考虑普适的、长远的因素，不考虑历史影响。应用文是炊之为饭，为了组织的养生、尽年而作，日常需要是其本质，重要时候可以摆出陈年酿造，重要场景可以历史流芳，但不必对所有文章都做此要求，应用文的信和美之间需要统筹和权衡。

致用的特征，决定文章授命而作，有给定的题目，有给定的作用范围，有给定的前提，也有给定的、具体的目标，应用文就是在给定的前提下通过逻辑和言辞说服读者，实现给定的目标。因此，应用文不在于文法，而在于实效，不在于才情，而在于事理，不在于普适真理，而在于具体适用。但并不等于不重视文法和才情，也不意味着违反基本的常识。因此，应用文写作，必然是现实触生的思考，必然要考虑授命者所欲，也要考虑受众所思。具体就是基于实、成于理、见于效，就可以完成文章的使命了。

（六）与艺文的区别

应用文与艺文的主要区别在于，从物质到意识，再从意识到物质，艺文就完成了，应用文则还要通过写就的物质在读者中形成意识，然后再次作用于物质。

应用文与艺文还有区别在于，艺文在影响区域和影响时间方面没有明显限制，但是应用文如果不在既定时间和区域内发挥作用就是失败。因此，有些文章不能发挥具体作用，但可以影响甚广，可以流传千年。王安石的《乞改科条制劄子》在既定时间和区域发挥了作用，但是也仅限有一时一地的作用。《议学校贡举状》带着应用文的形式，却没有把握文章的命题，不能作为成功的应用文，但可以称得上成功的艺文。

应用文和艺文的区别还在于，艺文重于驾驭语言，应用文不仅重于驾驭语言，还要重于驾驭人性，语言动听的同时还必须切中利害。艺文重于言辞，应用文不仅重于言辞，还重于实效，实际运行中，说出来多少，能做到多少，往往是截然不同的两回事。艺文重于才情，应用文不仅重于才情，还重于见地和卓识，恣肆汪洋、滔滔不绝的文字论述，往往不及触及本质、要点的三言两语。艺文重于感情和人文关怀，应用文不仅重于感情和人文关怀，还要通过感性驱动理性，最终使理性战胜感性，还要将感情和人文关怀聚拢为其直接所用。艺文重事理逻辑，应用文不仅重事理逻辑，还要精进务实、聚焦主题。艺文注重美感，应用文不仅注重美感，还要可以采信、可以实施。

致用，授命而作，决定了应用文不能只是叙事、说理、陈情，而是通过叙事、说理、陈情完成使命，达到应用的目标。从事应用文写作的人，可能喜爱写作，但是从事这项工作，所写的内容不见得是作者喜欢写的内容，组织雇佣一个从事写作、从事管理的人，不是让其写自己喜欢写的内容，而是要服务组织的发展需要，把该写的文章写好，把该谋划的内容谋划好。因此，无论文章发挥了什么样的作用，到达了哪个层级，得到了多少人的认可，对于写作人员而言，都没有什么骄傲的，这都是自己该做的一份工作。一般而言，从事写作的人，即使不是专职，也都是知识工作者，都是管理人员，在这种岗位上，所需要的不仅仅是报酬，还需要发展的机遇、实现自己的价值，这些都必须通过文章的效果、作用来获得。

致用，就是让组织尽年，让文章速朽。

二、客体

应用文想要影响、想要发挥作用的对象，称为文章的客体，也称为受众。如果把文章比做一件工具，作者就是工具的主要生产者。那么，谁是使用者呢？组织或者组织领导是直接使用者。客体就是使用的对象。好的应用文，要能在使用对象上发挥作用，必须在设计生产时充分考虑使用对象的特点。应用文主要靠组织动员起作用，必须要吸引人、说服人、打动人，以直抵客体心理、客体情愿接受为重要追求。具体就是要考虑如何引人看，让文章有吸引力。要考虑让人看得懂，必须顾及对方的理解程度。要能说服人、打动人，必须把话讲清楚，理说透彻，感情铺陈到位。做到这些，必须要认真研究文章客体的规律以及文章与客体发生作用的规律。因此，研究应用文写作规律，必须研究客体特点，更要研究如何通过客体实现文章的目标。

（一）寻找客体间的公约数

单篇应用文面对的客体是约束的、相对有限的，也是有共性的，应用文想要影响的对象，都是与文章描述内容、推动事项直接相关的人。

因此，应用文的客体之间就有了一个公约数，掌握并利用好这一公约数对文章发挥作用至为关键，对文章的构思和写作也很关键。应用文效果好不好，在客体中的反应怎么样，考验着作者把握这一特点的能力和功夫。

公约数决定了客体的认识均与文章的内容在一定程度上相关。客体间有共同、近似及相关的工作经历、知识背景，导致他们之间特别容易就一件事情的大致方向达成共识。同时，他们之间又有不同的岗位、处于不同的位置，信息不完全对称，在看问题的视角方面又各不相同，就某一件事情的具体思考也存在较多分歧，这也就导致作者更容易进行整合提升，跳出客体的局限，站在更高的角度拿出更有针对性和说服力的观点和方法。客体间的相同与不同，是作者需要重点研究的内容，抓住了这一点，文章全面发挥作用就有了一个牢固的基础。

（二）寻找客体间的共振点

要认真剖析客体心理需求，弄清楚客体的认知能力、认知范围，弄清楚客体想听什么、喜欢听什么，弄清楚客体听了哪些内容后才能产生动力、提高认识、增强信心等。深刻剖析客体需求，因地制宜、有的放矢地安排文章内容、确定表达方式，就能把文章写到客体的心坎上，达到实实在在推动工作的效果。

文章要达到预期的效果，就必须考虑客体对环境的认识、考虑客体的感情状态、考虑客体的目标和预期。同时，对于认识与组织的意志相差较大的客体，文章还要通过理论、事实和感情的影响，将其凝聚到组织的意志上来。

因此，在写作过程中，作者在充分研究认识环境的同时，一定要研究文章所处的背景、起作用的情景，分析文章所处的语境。充分考虑客体的感受，争取让文章内容凝聚着客体的预期，能够与客体产生共振，激发巨大的力量。

要掌握客体对环境的认识，如果收集的材料能够覆盖多数人认识到的内容，由于客体间信息不对称的原因，作者已经具备了充分的信息优势，如果在此基础上能够拿出独有的材料，作者已经具备了征服客体的胜势。

（三）平衡客体的期望值

一般对下的应用文写作时，客体的预期，在一定程度上就代表民心所向，就是群众的观点，写文章要从群众中来，到群众中去，就是要充分研究客体的预期。而对上或者对外的应用文中，客体就代表着上级或者用户，要么是父母官，要么是衣食父母，更要了解其预期。

要掌握客体的大概预期以及背后的主要因素，如果掌握了大多数人的预期，在此基础上的文章立意就可以得到多数人的支持，如果掌握多数人预期背后的诱因，在此基础上的文章逻辑就会得到多数人赞同。掌握少数人的预期与组织意图不一致，尤其是掌握背后的运行逻辑后，可以组织材料进行批判或者说服。站在多数人预期的基础上，如果能够拿出超出多数人预期之外，却又明显符合组织意图的思路和想法，那么文章就会实现超出预期的效果。

对于客体的感情和预期，可以通过收集材料来了解相关信息，也可以根据现有材料，以作者代入的方式去思考客体应该具备的感情状况和预期。

面对客体的感情、预期，作者要通过文字予以适当控制和引导，要通过一些实例的重新包装和描述，一些理论的引用和表达，一些逻辑过程的推理，达到引起共鸣、形成共识的目标。先知道别人怎么想，为什么这么想，才能从最根本的地方解决思想问题，达成思想共识，最终把客体的力量转化到组织“做什么”的需求上。

（四）寻找深入客体的语言

尽管本质上单个客体只扮演着局部的角色，但是所有的客体组织在一起就成了总体或者系统，因此，应用文写作还是要发挥凝聚的作用，通过有针对性的语言组织，凝聚客体的力量，实现整体的目标。所以，应用文必须用受众听得懂、愿意听的话语方式来叙事，必须以合适的方式将内容展现给读者、听众，令受众正确理解和欣然接受。

应用文写作过程中要认真策划希望通过应用文在客体心中留下什么印记，对客体的行为产生哪些影响。要考虑哪些内容能让客体精神一振，哪些内容会让他们心中一紧，哪些句子和词语能够给他们营造一定的意境和想象空间，哪些内容能让他们牢牢记住，哪些内容让他们深入思考。要做到这些，对文章提出了很高的要求。

在语言交流中，听者感兴趣的是自己想要听到的内容，而不是对方想说的。能吸引客体的注意力，是文章发挥作用的开始。这是组织内沟通最基础的逻辑，以这种认识为基础，应用文写作人员应当开动自己的大脑，思考怎么用客体爱听、想听的话表达自己的观点，才能最大程度实现文章的目标。这需要作者结合文章客体需求选用对应语言模式和风格。

三、人本

文章是人写出来的，应用文写作、创作是一份工作，需要具体的岗位和团队来负责。组织撰写发布应用文章，一般都有一定的流程，应该说，应用文就是作者通过管理流程给组织提供的产品或者服务；是作者通过对客观世界、组织环境进行深刻思考后形成观点、知识和思想，通过文章表达组织的意志，服务于组织的发展需要。在写作时，作者就代表组织，而且必须代表组织。

根据控制论的观点，对于不同的系统，同样的输入对应不同的输出，这是系统特性决定的。主笔作者，在写文章的过程中，作为应激的接受者、响应的输出者，其本身的系统特征严重影响着写文章的过程、决定着过程的输出。因此，每一份应用文稿的起草，主笔的作用都至关重要。同样的文章要求，不同的作者，写出的内容也大不相同。

（一）应用文写作对作者的要求

要使输出能够基本满足组织的要求，则必须对作者提出共性的、大体的思想素质、知识结构、能力层次等方面的要求。

1. **政治素质方面**

组织生存在一定的政治环境中，部分组织直接是政治组织的一部分，应用文写作是代组织立言，部分应用文就是直接为政治服务，因此，良好的政治素质是对应用文写作人员的基本要求。在一定程度上，政治素质直接影响公文的写作质量。政治素质高，思想深刻，见解独到，就能高屋建瓴，透过现象把握事物的本质，所写出来的文章就会有深度、高度、广度和力度。同时，对于应用文写作人员，政治方面的素养要求也是最严肃的要求，是不能存在短板的地方。对组织而言，文章必然要符合政治导向，不符合政治价值取向的应用文根本就没有应用的空间，应用文写作中政治类的错误是最大的忌讳。因此，对作者政治素质方面的要求主要体现在以下几个方面。

坚定正确的政治方向。不管是党政机关的领导，还是企事业单位的领导，他们所做的一切工作，都离不开政治，离不开国家的路线、方针、政策。应用文写作服务于组织、服务于组织的领导，写作工作本身就与政治工作密切相连。因此，写作人员必须具备较高的思想政治素质和政治直觉，具备坚定的政治信念，这是由其从事工作的性质决定的。

良好的政治思想素质。写作时必须要能够灵活地运用正确的政治立场、观点和方法去认识问题和分析问题，才能做到立场坚定、旗帜鲜明，弘扬什么、鞭挞什么，毫不含糊；才能更好地推动组织彰显并发挥在社会发展、经济建设中的作用。由此可见，写作者政治素质的高低，直接关系到组织观点、言论的政治高度和形象，关系到对组织的政治评价。

较好的政策理论修养。政策理论修养是决定公文写作人员政策水平高低的主要因素之一，没有较高的政策理论修养，就不能正确地理解国家的路线方针政策，不可能理解宏观关注什么、需要什么，不可能精准把握政策形势，其对形势和环境的理解就容易存在偏差，分析就会偏凭主观，拿出的观点和意见就可能偏离组织发展的实际需要。写作质量必然会停留在一般层次上，无法从政策、政治的高度阐述文章的内容和含义，也无法利用政策理论推动工作、解决问题。

2. 道德操守方面

在拥有思想政治素质的同时，写作主体的职业道德操守也是应用文写作的一个重要基础。古有“铁肩担道义，辣手著文章”的训词。《荀子·正名》中也说：“以仁心说，以学心听，以公心辨。不动于众人之非誉，不冶观者之耳目，不赂贵者之权势，不利传辟者之辞。”这实质上是“文德”的表现，亦可作为应用文写作的道德准则，来保持“应用良心”和“写作贞操”齐全。

三观正确。文稿代表组织的意志，应该明确表达组织关心什么、提倡什么、反对什么，应该怎么做、不应该怎么做，在文稿上都应该做到一目了然。这些虽然都是经过对环境的分析判断和系统研究后得出的，但是，环境的信息良莠不齐，有积极的、消极的，有正面的、负面的，有与发展密切相关的、不紧密相关的，作者正确的世界观、人生观、价值观、良好的道德水准及思想水平，决定了作者是为组织还是个人进行积极谋划，决定了作者如何看待、取舍环境信息。因此，正确、积极的三观，可以协助组织及领导正确研判组织面临的形势，支撑组织作出正确的抉择。

责任心强。起草文章作为一份工作，需要用起码的责任心和敬业态度来对待。必须对文稿涉及的工作内容高度负责，这是文稿能否成功拿出的最基本的要求。同时，责任心越强、态度越端正，作者开展工作的主动性和积极性越强，文章的质量越值得期待。真正把组织的事放在心里的人，才能写出符合组织发展要求的好文章。

态度端正。作者起草文章的过程，是发挥作者大脑加工厂的作用，把客观世界转变成思想、意见、计划、办法，成为一种产品输出，并接受客观世界的检验及组织的检验，这里涉及一个复杂和反复的过程。这要求作者必须具备端正的态度去认识世界，以端正的态度去思考和解决问题，以端正的态度对待客观和主观的一轮轮迭代，才能最终形成正确的认识。

3. 知识结构方面

应用文写作人员不仅要有良好的职业品德，还要有全面的业务能力，要求他们头脑灵活，反应敏捷，办事利落，知识丰富，审时度势，通情达理。随着社会经济的发展，对写作人员知识结构的要求越来越高，写作要求逐渐向“一专多能”的复合型方向发展，其知识体系趋于庞大和复杂。

写作人员必须在实践中不断拓展自己的知识面并更新自己的知识结构，构建一个以基础知识为基石，以专业知识为核心，以与之相关联的知识为外围的知识体系。具体地说，就是要以扎实的基础知识为根基，以精深的专业知识为核心，以必要的相关知识为辅助，成为一个全面的复合型人才。

基础理论。对于一些理论要求较高的文章，起草者必须要具有一定的理论功底，要基于理论对问题进行深刻的论述和演绎。同时，基本观点和内容确定后，表达的效果基本依赖于作者的知识储备和语言应用，同样的文章、同样的任务、同样的对象，不同知识储备、理论储备，展示出的认识高度必然不同，逻辑性强弱必然不同，最后的说服力和实际效果也会迥然不同。

专业知识。应用文章类目繁多，组织内不同业务、不同部门之间需要发布的文稿也各不相同，但是，每一篇文稿都需要一定的专业知识作为基础，了解这些知识，才能从专业的角度去起草文稿，文稿不至于看起来“外行”。对于组织内涉及面较广甚至涉及各个领域的报告，则需要对各领域都有一定了解和认识，都有一定的思考。没有一定的知识基础、认识基础，不可能精准按照文章需要的模式进行思考，即使有所思考，也很难把握关键和重点，很难把话说得鞭辟入里，更难提出创新性的观点和思路。同时，没有一定的业务知识和综合能力，空有遣词造句的本领，只会就文字研究文字的人，可能写出漂亮的句子，但很难写出言之有物的段落，更不用说观点新颖、布局合理、可以指导实践的应用文章。

实践经历。经一事，长一智，事是具体的、狭隘的，智则是可以举一反三的、可以推广的、甚至是普适的，事经得多了，良好的思维模式、认知模式、判断模式也就形成了。文章是客观事物的反映，首先是客观事物在作者头脑中的反映，作者的经历、思维模式决定了他的认识论和方法论，决定了他如何把握客观事物。因此文章的质量，取决于是否具有针对性和指导性，取决于作者对事物把握是否具体、深透。不同实践经历，同样的事也会产生不同角度和深度的认识，写出来的东西也就不同。还有一种经历就是写作经历，各种问题思考多了、总结多了、分析多了，不同体裁的文章写作经验丰富了，就会熟能生巧，就能熟极而流。

4. 能力要求方面

能力是人们综合素质和基本修养的具体表现。应用文写作人员的能力要求主要有以下几个方面。

创新创造能力。应用文致用的特点决定了必须面对新形势、新问题，必须拿出新思路、新观点、新举措，应用文写作过程中必须综合发挥知识、智力、能力等诸多要素作用，以感知、记忆、思考、想象、理解等要素为基础，在现实基础上进行独立思考、创新创造，要能说出别人没有说过的话，走别人没有走过的路，拿出新的观点、论断，形成新的语言体系，指引具体的工作实践。

调查研究能力。调查研究能力是通过对有关对象进行调查、研究与分析，探究事物的发展路径、方法和规律，得出正确结论的本领。应用文写作人员必须熟悉组织内部情况和所处的发展环境，并结合各项工作，扎扎实实深入下去，了解情况，发现问题，科学地分析、归纳、整理，努力掌握第一手材料，把握事物的本质，为文章写作打下基础。虽然不是所有文章都需要现场调查研究，但是第一手的资料和信息对写好文章非常关键。

文字表达能力。文字表达能力是应用文写作必备的基本功。写作人员应熟练掌握各种公文的写作方法，能够根据领导的授意和工作的需要，迅速书写出各种格式规范、条理清楚、言简意赅、文通字顺、观点鲜明、逻辑性强的文书。还要注意的是，应用文写作与文学创作是差异分明的两个范畴，文学创作的很多习惯和技法在应用文写作中往往难有施展空间，应用文写作中，文采要让位于务实，感情要因组织所处形势而发，文字表达要言之有物，要能紧密围绕主题，不是为了表达而表达，而是为了文章目标和组织目标而表达。

总结提炼能力。事实上，写作人员在国家机关、企事业单位的工作中，不仅仅只是起草公文，撰写有关的文字材料，同时也要参与组织的各项工作。一定要对组织运行进行深刻了解，提出的思路和见解才能在组织内落实，掌握了组织的特点，针对组织的特点，写出来的东西才能接地气。同样一项工作，不同组织开展的方式不同，组织内部的认识也不同，一个组织内有效的方法很难轻易移植到另一个组织。同样针对一项工作的应用文章也必须符合组织内部的规律和现实特点，文章的观点、方法、要求才能真正得到认可和落实。针对文章写作，共性规律的东西需要掌握，组织个性的、特色的东西也需要掌握。

工作组织能力。应用文，尤其是较大的、较为正式的文章，对起草者的组织能力有较高要求。主笔人员需要动员相关的机构提供素材，需要组织文章框架明确分工，需要明确要求确保责任落地，需要明确计划以确保进度，需要组织征求意见等。这些也是文章起草过程中不可或缺的能力要求。

5. 心理素质方面

心理素质是一个人控制自己的情绪、承受外界压力、把握自己心理平衡的能力。文字工作长期积案牍之劳形，长期面对焦虑、劳累和巨大的精神压力，要求写作主体一定要具备良好的身体素质与心理素质。写作主体的心理素质直接影响着写作质量、效率和写作过程的体验。

在应用文写作过程中，写作主体最易产生的不良心理有：定势心理、依赖心理、自我心理、畏惧心理等。这些不良心理活动，都会对写作有直接影响。

定势心理是指写作主体根据经验在头脑中形成的关于文章立意、格式运用、语言表达等方面的固化印象和认识，并由此形成的墨守成规的写作态度与方法。这些直接影响到文章内容的创新性。

依赖心理是指写作主体在写作过程中，或依赖领导拿主意，领导怎么说就怎么做；或为了使文稿得以通过，刻意顺从领导的个人意见。这些依赖心理会直接影响文章的科学性与实效性。

自我心理是写作主体在文章写作过程中，把自己喜好、兴趣，或者于己有利的政策、观点、意见写进文章，从而造成“主观代替客观”的情况。这是应用文写作的大忌。

畏惧心理是对预期中的痛苦、劳累、责任和压力的恐惧心态。应用文要求高、时间紧、压力大、责任重，往往给作者带来很大的心理压力。同时，对于一个高度负责的人而言，每次写作的要求都高于现实能力，这就导致写作过程往往比较煎熬，过程体验比较痛苦，久而久之也会给作者造成一定的畏惧心理，进一步影响作者的写作体验。

要应对写作中的不良心理，写作主体必须具备以下的条件。

写作主体必须具备健康的身体，具有能够耐得住艰苦和辛劳的强健体魄，才能在工作中保持充沛的精力与愉悦情绪，才能以豁达的态度看待各项工作中的困扰，充分发挥自己的聪明才干，化解被动写作与主动作为之间的矛盾。

写作主体必须对事业抱有热情。要对写作保持热爱、对事业关心，接到公文写作任务，就能迅速调整好状态，使全身细胞瞬间都兴奋活跃起来，找到写作的感觉；一看到他人的文章，就有分析、评判、解读的欲望，并形成条件反射、形成直觉。达到了这种境界，才算真正地保持好写作的状态。

写作主体必须具备坚韧的意志。写作过程中，对待工作目标的决心、信心、恒心是写作主体坚韧意志的核心。坚韧的意志可以使写作主体在受领写作任务时，提高自觉性、主动性；坚韧的意志可以使写作主体在面对复杂的工作情况时，能够经得起折腾，乐于写、也甘于改，日常时乐于积累，写作中乐于精雕细刻，有困难的时候能够坚持下去；坚韧的意志可以使写作主体善于管控自身的情绪，从而客观而快乐地履行职责。

写作主体必须具备工匠精神。对任何文章，都绝不敷衍应付，都尽最大努力去完成。任何时候任何情况下，都坚持写作的质量标准，追求精益求精，做到“我不满意不出手”“文经我手必精品”。

写作主体必须做到善于自省。要善于总结自己的成功经验与失败教训，要善于反思自己在公文起草中的过失或不足，唯有如此，写作主体方能在工作中不断积累智慧、增长才干，才能逐步达到写作自由的境界。

（二）能力提升的方向和重点

根据应用文写作的要求，需要作者重点在以下几个方面进行提升。

一是博学。要广闻博览，尤其是多读书，读的每一句话都不会浪费，每一个案例、每一件事的过程、每一条逻辑，都会在不经意的时候派上用场。要对新鲜的东西进行记录，要有意学习一些哲学、格言、妙语，经常体会这些内容给你带来的感受，在需要传达适当感受的时候可以直接用这些内容以及这些内容的表达方式进行表达，一般对方也会有相应的感受。要保持敏感，随时随地积累各种知识和资料，善于捕捉写作用得上的一切信息，做到见多识广。要广泛学习经典文章的表述方式，学习经典文章的思辨角度、逻辑和方法，以便于写作过程中学习和借鉴。

要主动联系工作实际，学习组织所在领域涉及的业务，密切关注理论和形势发展，关注所在领域最新发展情况，争取在文章中多写最新的东西。多学习上级或者政府文件，领会环境对组织的最新要求。同时，要注意对照组织的特点、从事的业务、产生的现象，在日常阅读、观察中寻找可以借鉴、类比的点以及可以在具体文稿中做引用的案例。

二是深思。要善于思考，更要深入思考、勤于思考。对于组织内的现象、问题，一定要密切关注，深入总结分析。对于当前的方案、方法、措施，要勇于预判其结果，并与实践情况对照，根据存在的差异复盘修正自己的思维方式、完善必须考虑的因素。对于掌握的知识和资料，要习惯用规律去加工，用实践去验证，用逻辑来决断。目之所及的事物，要力争能够透过现象看到本质，要擅长透过现象看本质，要主动了解现象背后的本质。思考越深、本质把握得越准，越能就普通的现象和问题提出振聋发聩的观点和措施，才能拿出“人人心中皆有，人人笔下皆无”的意向和独具慧眼、法眼的思想观点，既能直中要害，也能出人意料，达到“亏他能想得出来”的效果。

三是笃行。不可能在组织内提供一系列岗位供执笔者历练，但是不代表日常中不能参与见证一些具体的工作过程，有时看“猪跑”也是实践。另外，文章是写出来的，绝对不是教育培训出来的，到底如何把文章写好，这不是一个理论问题，而是一个实践问题，就像游泳一样，在岸上永远学不会游泳。如果每天都在纠结如何写好文章而不动手去写，可能永远都写不好。文章写作，尤其是应用文写作，本身就是一个熟能生巧，靠实践出成果的过程。从事文字起草的人，应该通过不停地练、磨、熬，来提升能力水平。

（三）应用文写作对作者的意义

一个组织，一个组织的领导者，为什么能够对作者写出的东西言听计从，并用于指引组织发展呢？而且是很多场合、对于很多方面的工作都是如此。论对业务的理解和认识，作者不如具体岗位人员，论人生阅历、信息来源、从政经验、思维能力，作者大概率不如组织的领导者。为什么这些人对一个文字工作者的成果这么尊重呢？达到这种状态，说明了组织对作者能力的一种认可。说明其对问题思考的深度和高度最起码能够得到领导的认可。说明其对具体工作的理解和认识应当能够得到从事具体工作相关人员及专家的认可。说明作者对组织内各项工作有了较深的理解，已经明显从感性认识上升到了理性认识，并在理性认识的基础上提出了有针对性、有创新性的思想和观点。在一个组织内，从事具体工作的人很难跳出事外，眼睛聚焦于工作本身，看问题的眼界和高度不能和作者相比；掌管全局的领导者，对组织内的事务了解比较全面，但是不可能像文字工作者那样就一个题目进行相对较长时间的专题学习研究、进行一段持续时期的思考，做到学深上级和国家高层的思想观点并结合组织内工作进行灵活应用。应用文作者可以通过大范围的熟悉业务、精准学习理论、深入研究工作、高站位提出建议等方式方法，在文章主题涉及的范围内对每一个人都建立了相对的优势，发挥了无法替代的作用。

言而无文，行之不远。人的思想想法不记录下来，就无法流传，也无法产生影响。对于应用文写作的作者而言，写作只是工作内容，但是结果却是作者本人的思想得到具体阐述、言论得到了具体的流传。其实，在组织内工作，对于组织的发展以及存在的问题，很多人都有一些想法，但是大多是从脑海里一闪而过，很少能够讲出来，更少的能够写到纸面上，能够用来改变组织的则少之又少。作为文字工作者，把写作当成一种工作，既是一种荣耀，说明作者的思想值得组织肯定；也是一种机遇，给作者思想一系列转化为现实的机遇，也是给作者用思想改造组织、影响组织的机会。

对作者而言，应用文写作是思考研究成果和写作功底技巧相互结合的过程，思考研究是源头活水，写作功底技巧是表达方法和渠道，形式和内容的相互作用、相得益彰，才会使文章增胜出彩。

从事应用文写作的人，或者能把应用文写好的人，一定是勤于思考的人，也一定是追求创新的人，不见得追求“语不惊人死不休”，力争把每一篇文章都写出新意、写出独到之处，是写作走向自由、迈向成功的基本要求。写作岗位上的人职务升得不一定快，但是能力提升得一定迅速，因为每次写作，认识都有所更新，能力都有所提升，都可以把过去的自己远远甩在身后。标准高的文字工作者没有舒适区，每一次写作要求都超过他当时的能力储备。

四、组织

应用文是为了表达组织的意志、实现组织的目标而创作的，即使以组织内负责人的名义发布，最终还是代表组织的意图。在应用文写作中，作者的观点、领导的观点都可以成为组织的观点。要实现作者自身的写作自由，要通过文章实现组织的发展自由，或者要通过文章助推组织的发展，我们必须掌握几条原则，指导处理作者和组织以及领导之间的关系。

（一）领导代表组织

在组织的运行中，组织的掌控者、领导者的意图，往往主导或者决定着组织的意图。因此，在应用文起草过程中，领导者的意图必然通过各种途径贯彻到文章之中。所以，在文章起草过程中，从便于起草的角度出发，作者除了站在组织顶层的高度，客观考虑组织面临的形势，以及考虑文章客体、受众的主观想法外，还要重点考虑和参照组织领导者、掌控者的想法和意图。

同时，在管理关系上，作者本人也是直接对组织领导者负责的。

因此应用文本质是在表达领导者意图的基础上，全面表达组织意图，或者是把领导的意图转化为组织的意图。应用文的这种特点不应当影响作者发挥主观能动性，反而应该是作者发挥主观能动性和自身作用的基础和前提。对于写作中与领导的关系，应该的态度是：通过文字工作为领导者服务，可以尊重领导者的要求，但必须明确提出自己的思路建议，努力做到只献策而不影响决策；作者在与领导者相处时要无私无畏，从同事的角度讨论、从朋友的角度建言、从下属的角度服从。

在应用文写作中，领导的意图是组织意图的重要来源，是作者能取尽取的资源，也是优先要获取的资源。很多从事应用文写作的人员的经验之谈就是“很多时候，我们起草工作的失败，问题不是出在动笔之后，而是出在动笔之前”。很多人把失败原因笼统归结为写作技巧不高，实际上是片面的，不妥当的，没有触及问题的实质。因为他们没有把握应用文写作中组织和领导的关系以及组织领导在写作中的作用。在应用文写作过程中，“做事不依东，累死也无功”也就成为实际操作的一个重要原则。

因此，为了避免做无用功甚至“累死也无功”，我们写作之前，一定要做好充分的准备工作，一定要尽量把握组织的意图，尤其是领导的意图，忠实反映组织的意图，或者把领导的意图通过应用文转化为组织的意图。我们接到写作任务后，一定不要仓促动笔，要反复琢磨组织领导意图，仔细分析领导思路，尽可能弄清楚领导到底想表达什么内容、突出什么重点、强调什么含义、达到什么目标，弄清楚领导在文章中的态度是扬还是抑、是肯定还是批评等，以便在写作中对症下药、有的放矢。在这种情况下，一方面理解领导的本质要求，吃透其对文章所涉内容的根本想法和要求，这需要作者的日常积累，有时也需要作者与领导的直接沟通。一方面要领会领导的全面要求，把与这篇稿件相关的近一个阶段的政策、提法，以及受众的想法、单位实际等多方面情况结合起来，全盘考量，对领导交代不全面的地方进行补充；甚至对一些与全局不协调的地方进行完善。

但是作者的观点也是必须要拿出来的，而且根据一般的做法，作者的观点都是先抛出来，通过程序供各级领导再加工。即使文章写作之前领导有各种指示，也不影响我们站在对组织负责的立场对领导观点进行完善或者再加工。同时，对于领导思路性、倾向性、只言片语性的观点言论，作者可以通过深入系统的思考，整理成一定的话语体系，成为组织的思想理念，同时规避其中潜在的风险，提升观点的体系性和系统性。“绝对的服从就是懈怠。”一个负责任的写作者应该在写作中对领导的思路有所拓展、完善乃至提升，为工作的有效开展发挥自己的“谋士”之功。

（二）“学会做领导”才能代表组织

作为一个以写文章为职业的作者，如果凡事都靠组织和领导提供思路，自己的存在是否具有足够的价值就是一个明显的问题。同时，不可能所有的文章组织领导都会给你思路。在很多时候，应用文作者的价值恰恰是为组织提供信息和观点，为领导提供其缺乏的、必要的信息和观点。这个时候，作者个人思考成果的积累就极为关键。有时组织的掌控者没有明确交代意图，我们就要根据其平常言行所蕴藏的思想理论、思维习惯、工作方法，以及近期思考的内容、分析问题的角度、语言表达的方式等进行思考和谋划，在做足了功课后，即便领导未明言写作方向和内容，也能把文章写得符合组织发展的需求，符合众人的期待。另外，如果作者在思考的深度、材料的广度、对客体的把握精准度达到一定水平后，文章的观点超出组织领导的预期也应该是正常的，因为领导只考虑了组织的情况，而作者本人把领导这个要素也考虑进去了。从逻辑上来说，领导的人生阅历、信息来源、从政经验、思维能力等任何一个方面都比单纯的机关文字工作者更有优势，如果没有对于工作的深入研究，领导凭什么要采纳你起草的文稿呢？要让领导采纳你起草的文稿，至少说明你对于这项工作或者是这个问题的研究比较全面而深刻，已经比较接近于领导的思维水准和认识高度。你在这个方面征服了他，你的劳动成果才可能为他提供参谋、服务和保障。因此，写作圈里有一句话叫作“关起门来当领导”，其实对于写作人员而言，站在领导的视角考虑问题、谋划写作可能只是基本的要求，更高的要求是站在领导的肩膀上思考问题，才是全心全意为组织服务应有的态度和方法。

（三）程序决定组织的观点

应用文起草有一个过程，有完备的程序，能不能提前掌握组织掌控者的意图，对文章起草带来的只是过程复杂与否的问题。作者作为文章起草的主体，以“文德”“操守”“三观”为指引，立足组织需要和自身理论素养为组织立言才是最基本的原则，积极形成自己的观点、坚持自己的观点，结合组织掌控者的意图完善、迭代自己的观点，才能最大程度地兼顾并成全组织（领导）和自我。

在很多的论文以及教材中，有人过于强调领导在应用文写作中的作用，过于把文章的目的聚焦在领导的满意上。对于同一篇文稿，不同的领导者会作出不同的评价，这些都是很正常的现象。我们能够做到的，就是认真地听取和吸收领导的评判意见。从组织运行的角度而言，在大多时候，组织的意志体现为主要领导的意志。但是毕竟有不同的时候，作为应用文写作人员，我们还是要相信规律的力量和逻辑的结果，最大程度体现出组织的需求，其余的内容交给组织内的程序。从程序上说，无论是公文还是讲话材料、工作报告，都是以领导签发或者现场表述为准，所以领导才是应用文的最终定稿人，作者只是以知识、思想和主观能动性来为组织提供服务。

对领导而言，应用文体现的是他的领导力和水平，作者的工作，只是提供深加工的半成品，他的改动量越小，我们作为前一个环节，价值也就越高。同时，我们还要深刻认识到，第一时间精准把握领导思想，是文字工作者得天独厚的优势，这是文字工作价值所在，也是最大的收获。尤其是在文章修改程序中，也是文章从半成品到成品的过程，各级领导的思想观点会集中体现，这是我们向各级领导学习的重要时机。

作者要明白一个关系，就是从文章起草的角度来看，权力可以定事，但是，权力为工作而设置，我们应当忠于工作、忠于组织，也要正视权力。而且，组织的程序，也充分给予了我们独立发挥作用的空间。

五、养气

关于文章的气，中国古人有很多种解释，但是并没有形成统一的认识。古人讲的文气，涉及作者的性格和精神气质、涉及作者构思时的思想内容和感情，古人认为这两者在推动写作方面有重要的作用。同时，古人讲文气还涉及文章写成后所展示的整体风格。

孟子曾说：“我知言，我善养吾浩然之气。”这里的气，是指具体的思想、充实的精神，刚强正直的道义内容。曹丕曾说：“文以气为主，气之清浊有体，不可强力而致。”这里的气是指作者的精神气质、风格。刘勰的认识比较复杂，也比较全面，所以其关于气的论述在多个地方的阐述都不相同。其《养气》篇主要讲述如何保持创作的精神状态。但在《附会》篇提出了“情志为神明”、《情采》篇提出“情者文之经”“为情造文”等说法，还是将思想感情作为文章的主宰。《体性》篇里指出“气以实志，志以定言”，则是将气作为性格和气质来描述。韩愈、柳宗元基本承袭孟子的认识，认为气是一种思想修养。苏辙说：“文者，气之所形。然不可以学而能，气可以养而致。”苏辙通过分析孟子和司马迁的文章风格和生活阅历，认为作者的精神气质可以努力修养得到，但文章的独特风格却不能简单学到。后续归有光、唐顺之将气视为一种真知灼见。

（一）气源于感情

其实，作者的独特风格、精神气质和道义内容、真知灼见以及思想修养都是通过读书或者阅历，由感到悟，最终沉淀或升华所致。因此，无论作者的精神气质还是文章的思想内容，最终来源都应该是作者的感与悟。

在具体的应用文写作中，气，是作者基于自身精神特质和性格特征，感悟组织需求后，表达自己感情的一种冲动，也是作者基于自身的道义认识，感悟组织需求后，表达逻辑结果的一种冲动。产生并表达出的思想修养、道义内容，是古人描述的一种气；表达思想修养、道义内容的文字风格、精神气质，是古人描述的另一种气。因此，归根结底，作者在日常积累的基础上，面对具体命题时，在感性理性交互作用之下，作文发声的内部动力称为气，是一种推动作者奋而作文的使命感和责任感。

登高能赋，可为大夫，看到外界的事物可以引起内心的感情，感情产生了，想抒发出来，想与人交流，写作的动力也就具备了。应用文写作之前，必须有一定的事由或者有很多的事由。事物发展到一定程度，组织必然有所触动。事立而情生，组织（领导者）或者大多数人必然有所思、有所悟、有所感、有所愤、有所惜、有所哀、有所痛。这是组织的感情。情生而气起，就要有所思、所谋、所行，推动作者组织文章改变现状。

（二）气的作用

气，是作者本人的感情和精神动力，是一种写作的主观能动性，是一种责任感和使命感，是物不平则鸣的必然趋势下的主观态势。气起而文动，感情的驱动下，作者可以推动自己去收集素材、消化吸收、总结提炼，最后形成文章立意、布局、段落。文章可以开始动笔。文动而事成，文章可陈情、抒怀、议策、令行。文章好了，下一步工作就有了清晰的思路、明确的方法和途径，各项工作推动都有了足够的合理性，在逻辑上有了必然性，就有了足够的依据，组织就开始动员、行动，直到事成。

气，可以理解为组织对文章的迫切需求以及对文章实施后实现效果的迫切需求在作者身上产生的作用，是形势在作者身上的客观反映。因此，应用文写作，绝对不是不需要感情，只是文章中不提倡表现出太丰富的感情。为情造文是应用文写作的一个重要原则，情者文之经，理者文之纬，经正而后纬成。感情在文章写作过程中一直都在发挥很重要的作用，推动作者产生使命意识、责任意识，有时甚至是危机意识，来推动文章写作，推动解决组织面临的问题，推动组织适应面临的环境。因此，应用文写作，不但是创作，而且是用浓厚感情驱动的创作。

气，可以推动作者树立行文的原则和标准，这些原则和标准直接决定着文章的质量。作者内心的感受越深、感情越浓、使命感越强，对自我要求也就越高，越有利于调动作者提高工作标准，写出高水平的文章。

气，可以调动作者的积极性，有了使命意识后，作者就有了写好文章的动力。可以促使作者克服各种困难完成写作任务，实现文章的效果，达到组织预期的目标。可以聚焦作者的思维，推动作者不断对立意进行迭代，直到找到可行的从形势到问题、到措施的逻辑脉络。也可以促使作者在思考过程中不断对思想中的观点进行验证和更新，通过和其他事件、文章等的碰撞，形成灵感火花迸现。

气，可以推动我们开展资料收集，尽量快速收集跟任务有关的一切资料。可以推动作者主动获取环境信息，作者通过对材料的系统掌握，才能准确立意，恰当的文章主旨不可能凭空产生，必须要通过作者对大量材料的吸收、消化、提炼，通过作者对事情的充分把握、对组织运行的深入了解，才能凝练出合适的文章主旨。气越强，搜集材料的主动性越强，寻找答案的迫切性越强，素材也就越丰富、越全面，作者的视野也就越开阔，可供文章使用的思考成果也就越丰富。

在具体的写作中，气，可以具体推动文章立意，推动思考为什么写、写什么、怎么写的问题。气越强，作者思考越投入、越深入，观点越深刻，越接近本质。

（三）养气驭文

在文章的写作过程中，随着文章的逐步成型，作者的感情会逐步变淡、气也会逐步减弱，一般文章成稿后，作者的感情也得到了充分的抒发，气也凝练成具体的文字。如果文章写就，而作者还意犹未尽，则文章必然有可以优化之处。如果文章尚未写完，作者的感情已经平复，则文气已尽，后续的文章写起来会非常艰难，文字也就百无聊赖，无关痛痒。这就是感情、气在文章中作用的具体表现。

文章起草前，气已经存在。文章起草前，应当先养气。需要作者站在一定的道德高度和人生格局之上，立足组织整体的视角，从大道和真理出发去把握文章内容所处的形势，努力把这股气养好、养正，再用这股气来引领、管束文章，去推动解决文章起草过程中的具体的困难和问题。

文章起草完成后，作者重读文章，如果能够恢复写作时的那种感情，则感情就浸润到文章中了，气的作用也就充分发挥了，文章也基本能过关了。

从致用的角度而言，文章首先要感化人、引导人、鼓舞人、说服人，这是文章发挥作用的基础。但是，要感动别人首先就要感动自己，自己对文章涉及的内容无感，写出来的文章必然无病呻吟、矫揉造作。因此，以“气”驭文，写出心底的声音，是应用文致用的基本前提。

六、思维

语言和思维是相互依存，共同发展的。语言是思维的工具，思维离不开语言，同时语言也离不开思维。二者如影随形，谁也离不开谁。一方面，没有语言，思维活动无法进行，思维成果无法表达，思维实际上就不可能存在。因此，语言不但是交际的工具，而且也是思维的工具。思维活动，尤其是抽象思维活动，必须借助于语言，不能离开语言而单独进行。马克思在《德意志意识形态》中指出："语言是思想的直接现实"，"观念是不能离开语言而存在的"。

文章，是思维成果的语言化、书面化。想不到的东西，写不出来。"人的正确思想从哪里来？是从天上掉下来的吗？是人头脑里固有的吗？"应当是人对环境经过思考分析、总结提炼后形成的。写应用文章，要经历从物质到精神，再从精神到物质的过程，在具体的写作中，要不断经历从物质到精神，再从精神到物质的迭代过程。因此，文章写作过程中，作者在气的推动下，对事物整体、深入思考的过程和结果对文章起草具有重大意义。写作本身是思维的语言实践过程，写作能力主要表现为思维能力。写作训练也主要是思维训练，思路清则笔底轻，思维能力提升，则写作能力提升，在写作领域，思维决定一切。

（一）思维模式及规律

思维，有其固有的运行规律。文章写作过程中，一般有三种思维模式在交替发挥作用。

1. 潜意识思维

《三体》中有过这样的描述：“当罗辑开始思考时，惊奇地发现自己的思路已经到了中途。记得上中学时，老师曾经告诉过他一个语文考试的经验：先看卷子最后的作文题，然后再按顺序答卷，这样在答卷过程中，会下意识地思考作文题，很像电脑中后台执行的程序。罗辑现在才知道，其实从成为面壁者的那一刻起，他就开始了思考，而且从未停止过，只是整个过程是下意识的，自己没有感觉到。”这类描述，就是人的潜意识思维发挥作用的一种典型的表现。

人类很早之前就认识到，大脑会认为同时发生的事物之间存在某种联系，并且会自动将事物以某种秩序组织在一起，会自觉地想要找出事物间的逻辑关系。我们看到一个物体时，认为自己只是在看这个物体，但是在我们的脑海里，会想起所有与这个物体有关的东西。这就是灵感产生的基础。但是潜意识并不仅只是找出事物间的逻辑关系，而是找出新的结论。

在作者承担写作任务、有了责任和压力后，会在潜意识中思考写作问题，具体表现在即使在做与写作题目无关的事，也会对关心的问题进行多维度的启发、联系、对比，脑子里也会跳出与写作题目相关的灵感火花。

在行文过程中，写某一个片段和章节时，脑子里却不受控制地蹦出其他部分的写作思路、观点，这也是潜意识在发挥作用。在这种情况下，作者是自由的，没有人可以限制其灵魂深处的思考。

这种思维模式不受控，但是受到作者气的驱动，在一般情况下，作者感情越强烈，潜意识的活动越频繁。同时，我们可以根据观察来了解我们潜意识发挥作用的特点及规律，有意识地加以利用。很多想法转瞬即逝，不立刻记下来就很难找回，因此，我们应该养成随手记录的习惯，把握来之不易的灵感火花。

潜意识思维的结果是一种灵感和顿悟，是在感情推动之下，人在意识层面对事物自发的应对反应。这种反应的剧烈程度与感情的剧烈程度正相关，这种反应所能带来的效果（逻辑的正确性、方法的有效性）与人的基本理论、素养等层面的积累正相关。潜意识思维产生的是新的观点或者新的描述，是在作者知识基础上通过对固有的观点和描述方式进行分割、联系、组合、酝酿后形成新的东西。作者是在诸多的观点和信息基础上开展潜意识思维并进行观点创新。

潜意识思维模式能否发挥作用，主体的知识基础是关键。没有对伽利略力学基础的掌握，苹果砸在头上也只是会起一个包，不会有万有引力定律产生。如果没有对苯的日常认识，梦到蛇咬尾巴也就是一个普通的噩梦，不会有对苯环结构的猜想。中国人剁了成百上千年的饺子馅，也没有发明微积分这种具有革命意义的计算方法，因为缺乏发展高等数学的知识基础。

因此，潜意识思维要产生效果，需要两个方面的基础，一方面是强烈的感情驱动，一方面是基础的知识、观点储备。

2. 内部语言思维

内部语言思维就是作者在面对题目，面对头脑里积累的素材以及手头的素材，具体思考该怎么谋篇布局、落笔行文但却没有说出来和写出时的思考方式。内部言语是指不出声的言语。当人沉默不语时，他并没有停止思维，这时，他是以内部言语作为工具进行思维的，内部言语所使用的词汇系统和语义系统与外部言语是相同的，但语法结构上略有不同，即内部言语结构比较简略，往往省略主语而只出现谓语的片段。“写作过程中，作者在构思阶段运用的是内语言，内语言具有开阔性、生动性的特点，但同时又具有流动性、朦胧性的特点，属于不定态语言。”具体表现为有些事自己想通了，感觉很愉悦，但想通的东西距离直接说出来、写出来还有一定的差距，有时写出来的东西和想的东西有明显的不同。《文心雕龙·神思》中指出，“意翻空而易奇，言征实而难巧。”也是指构思和具体写作的不同。

很多想法即使立刻记下来，但是在进一步阐释时发现距离成为文章还有差距，还需要在行文过程中进行雕琢打磨，有时还需要具体的研究和查证。有些文章在构思的时候感觉很顺畅，但是写出来就不是那么一回事，这就是内部语言的特征所致。内部语言协助我们形成好的构思，虽然距离成文还有差距，但是一个比较好的方向、观点或者说法已经存在了。一旦记下来，就进入了另外一种思维模式，或者进入了两种思维模式共同发挥作用的阶段。

内部语言思维是纯意识活动的最终阶段，此时思考的成果停留在作者的思维层面，还不能影响、改变环境。必须要落实到文字、形成语言后才能物化思维的成果。从另外一个角度而言，内部语言思维的成果又是感性和理性交织混合的产物，处于感觉行得通和逻辑行得通的混合状态，需要进一步剥离感性的因素，达到逻辑可行的境界。

内部语言思维是作者“从物质到意识”阶段的主要方法，也就是作者就写作任务、写作素材在头脑里形成的形象进行消化、吸收、联系、融合、重构、创新，形成思考的结论和成果，但是还没有输出具体结果的思维过程。内部语言思维是从意识再到物质的核心阶段。内部语言思维产生的结果是思路、逻辑以及大致可行的观点。应用文写作中，文章的目标，大致的结构，以及对结构形成支撑的若干个材料支点，成为多数人内部语言思考的结果，也有部分人能够形成相对成熟的腹稿。

内部语言要产生有质量的结果，一般需要两个条件，一个是充分的供思考加工的素材，一个是持续系统的思考。

灵感是文章的种子，内部语言培养出文章的秧苗。秧苗长到一定程度之后，必须移出苗圃，才能有更旺盛的生命成长过程。秧苗才能成长为致用的木材、结出致用的果实。

3. 外部语言思维

就是言语表达和落笔行文，在具体行文阶段，作者运用的是外部语言思维。外部语言具有顺序性、线条性的特点，但同时又具有间接性、对应性的特点，属于定态的语言。具体的写作过程，就是运用书面语言来表达思想的过程，也就是用书面语言思考的过程。

写作措辞学认为句子生成的基本模型是一个由内部语言转化为外部语言的生成机制模型，也即“行文措辞的过程是一个由内部语言到外部语言转化的过程，而这个转化的过程准确地说就是一个语境化扩展的过程。”也是一个由意识转化为物质的具体过程。

言不尽意，圣人所难。很多人意象丰富，但是却不能有效地输出，这就是外部语言思维能力存在问题。现实中，外部语言的表达能力往往赶不上内部语言的创造能力，这应当是一种普遍情况。研究写作的规律，核心就是研究如何思考、如何输出思考成果。

写文章的过程中经常会出现一种现象，就是在表达的过程中，思想又有了进一步的深化，这种深化必然会造成文章内容的转移、改变，文章质量在这种转移、改变中得以提高。这说明外部语言思维过程不仅仅停留在对思维成果的具体化，还有深化和提升。但是如果迟迟不进入外部语言思维模式，对事物的认识就一直停留在内部语言思维成果阶段，就很难进一步对思维成果进行展开和深化，就像苗圃里的秧苗，必须移栽出去，经历四季风霜，才能有更好的成长。

意识一旦经过言语表达或者落笔行文，就开启了“从意识再到物质”的过程，前期思维的成果已经开始输出并形成物质，在形成物质的过程中，作者开始了及物的思考，就是通过口头语言或者书面语言的思维规律对输出的内容进行再加工。动笔写作的过程，就是一个思考的过程，越动笔就越会思考，动笔能带动思考。

外部语言思维产生的结果是具体的文字，是阐述清楚的观点，是具体的、有逻辑关系的文章结构，是符合文章应用场景和应用风格的句子和段落。

三种思维模式，实际上是一个由灵感到思路到具体文字的递进过程，也是文章内容愈发具体愈发翔实的过程。但是，文章最终以外部语言思维模式输出并发挥作用，不经过具体的说和写的过程，没有办法真正地开展及物的思考。所以，及时记录潜意识、内部语言思维的成果，就是提前开始外部语言思维。

我们研究写作规律，就是研究思考的规律，研究如何从灵感到具体的想法和构思，再到具体的文章这个过程的规律。每个人面对问题、面对现状，都会有情感产生，都会有自主或者不自主的思考，头脑里都会有一定的见解和想法，能否迅速而准确地把这些东西表述出来，是对一个人写作水平和能力的具体考验，所谓写作自由，取决于贯通并动员这三种思维模式的速度和效率。我们把日常积累转化成有价值的思想和方案措施，拿出有质量、有效用的文章的过程越短、效率越高，我们就越自由。

文章写作过程中，无论整体构思与写作、局部构思与写作，三种思维模式都会有不同形式、不同程度的参与。

（二）思维工具和方法

文章起草过程中，常常综合运用以下思维方法和工具。

1. 分类与列举

面对复杂的、繁多的内容，找出共性，以共性分门别类，可以使面对的内容有序收敛，然后用有限手段处置。公文的文种就是一种分类方式。文章中把有共性的内容放在一起讲述、共性问题一起解决都是用分类的思维方式。

列举就是举例说明，常常用具体的事例说明某个抽象的道理。一堆有共性的内容中，要找出最典型的来说明共性的特征。

2. 归纳与演绎

归纳和演绎是在应用文写作中常用的思维方法。它们之间思维运行方向不同，归纳的运行方向是从个体到普遍，演绎则是从普遍到个体。

归纳是从同类的大量一般或特殊的事实中，得出有关事物的一般性结论的思维方法。要从事物的感性材料中找出事物的本质和规律，就离不开归纳，这是在个别事物中找寻共同属性的过程。一些报告或汇报性、调查总结性文章都要用到归纳思维。

演绎是用一般的原理、原则、定理等研究特殊或个别事物的思维方法，在应用文主旨的确立中，经常用到演绎。这里所说的“一般的原理、原则、定理”就是行文的依据，就是行文必须遵守的国家法律、法规和上级文件精神、政策规定、领导指示等。如决定、决议、通知、通告等公文往往采用演绎法来确立公文主旨。

3. 比较与概括

比较是用来确定研究对象共同点和差异点的一种思维方法。写作中通过比较来突出或者宣传某个规定的内容，突出事物的优劣。由于每一项公务活动都有一个前后衔接的问题，通过比较，才能更好地发现问题。报告、总结、述职报告等文体常需要用比较的方法对工作进行更全面、准确的认识，只有比较才能找出差异，辨别优劣，通过比较，才能认识工作中的不足与进步。

概括是从思维角度，把某些具有相同属性的事物中的本质属性抽取出来的思维方法，扩展到具有此相同事物属性的一切事物，对于这类事物形成一个普遍的概念。在公文写作思维中，要确定概括的范围和界限，公文写作在涉及许多材料时，材料的内在联系和内在含义要通过概括思维的方法来认识，要从大量的具体的事实材料中概括出工作规律。

4. 抽象与具体

抽象是从众多的事物中，舍弃个别的、非本质的东西，抽取最本质的属性的思维方法；也指运用抽象方法所获得的对事物的理性认识。

具体指事物本身被人感知到的形态，就是所说的感性具体；又指把通过抽象获得的理性认识应用到具体事物，形成理性具体。

人们认识事物，总是从具体到抽象，再从抽象到具体。写作过程中，要从大量的感性材料中抓住问题的症结和本质，分析找出产生问题的原因，提出解决问题的措施和方法，就要用到抽象和具体的思维方法。作者在获得理性认识的基础上，要将这种理性认识应用到实践中去，就必须用具体化的方法。

5. 直述与揭示

直述是对规定内容的直接陈述，即在思维中将规定的内容按一定的关系依次排列表述。部分应用文写作中，较多用到对问题的直接、简洁地陈述。应用文写作没有文学写作中的虚构成分，要求将事实真相明明白白地告诉读者，直述的思维在构造思维模型时不可或缺。

揭示，即认识事物内在所包含的意义，用探寻的思维去挖掘，再用准确简练的语言表述出来，引起读者对问题的关注。写作中，常用来揭示原因、背景以及事件或事物产生的影响和意义；也可用来对事物内在某方面的性质进行说明，反映问题更明确。

6. 分析与综合

分析是将事物整体分解成若干部分、属性或方面，从而分别加以研究的方法。综合将整体事物的各部分、属性或方面联系起来进行研究的方法。没有分析，就不能从感性材料中提炼出有价值的观点，没有综合，就不能将抽象的规定上升到理性的具体。

不同的思维模式下，不同思维工具和方法的表现也不尽相同。

潜意识思维中往往倾向于相同特点、特征事物间的启发、互动，进而产生新的顿悟和灵感。多表现为一件事物给了另一件事物灵感，或者一件事物让人想到另一件事物也要考虑类似的要素，这也导致潜意识思维得出的多数是特征性、方向性的启示。

内部语言思维模式重点用于对现实情况的消化吸收，通过各种思维方式和工具形成文章的初步逻辑框架以及初步的具体观点，表现为什么材料说明了什么问题，在文章中应该怎么应用。

外部语言思维模式通过具体的思维方法与工具形成具体的文章，所谓的思维方法与工具，主要根据显性语言思维模式来定义和分类。各类思维方法和工具也是通过显性语言思维模式发挥具体作用，形成逻辑缜密、语句通顺的文字。

（三）写作中思维的理想境界

在强调思维的名家中，苏轼是比较典型的案例，宋代大文豪苏轼一生著述甚丰，十分重视动笔之前的思考，他在《答谢民师书》中说，“求物之妙，如系风捕影，能使是物了然于心者，盖千万人而不一遇也，而况能使了然于口与手乎？是之谓辞达。”这里明确地提出了“了然于心、了然于口、了然于手”，即“三了”说。所谓“三了”，意思是只有心里先想明白了才能够用嘴巴讲得清楚，只有自己嘴巴讲得清楚才能够用笔写得出来。得心应手说的就是这个道理。这是苏轼留给我们的一条宝贵经验。其中的了然于心是内部语言思维的结果，了然于口、了然于手则是外部语言思维的结果。

七、审题

接到写作任务后，需要对任务有一个感性的、初步的认识，需要对这个题目有一个大概的时空边界划分，对涉及的人和事有一个大概的心理准备，为后续思考、素材收集和具体写作划定一个大致的范围和方向，有了这个范围、方向作为工作的约束和框架，我们可以大幅缩小必须关注的内容，集中精力在更关键的工作上。因此审题的作用就是确定范围，找准靶心。

（一）通过审题划定工作范围

要对任务进行功能定位。就是一旦受领公文材料写作任务，头脑中首先要准确定位要写的材料到底事关哪个方面事物、哪项常规工作、哪件具体任务，搞清楚材料所要围绕表述的情况到底归属哪些部门负责，属于哪种性质类型的业务、事务或任务，这些业务、事务或任务在国家、行业、企业的各项工作中又处在何种位置，对上级、本级、下级又有什么样的价值意义。只有把这些最基本的问题搞清楚了，才能站在大局和全局的高度来认识文章指向和功能的情况，更容易抓住中心和重心，从而就更容易抓住写作本质、实现文章目标。

要对任务进行时间定位。就是在动笔撰写文章之前，首先要对文章所要反映事物的历史过程及其缘起、发展和结果进行刨根问底、追根溯源式的考查与探究，力求最大限度地把握事物演化发展全貌。只有这样去认识和把握情况，才能更为清楚明白地把握住事物发展的起点与终点、来龙与去脉、昨天与今天，从而在起草相关材料时如数家珍地截取相关事物的根蔓枝叶、经络脉搏和点滴细节，保证文章起草中能够随时随地牢牢抓住时间轴和历史轴来说明情况、讲清情况。

要对任务进行边界划分。定边界，就是给文章所涉及的事物，在空间和范围上划定必要边沿和界限。换句话说，就是既要深刻地把握应当写些什么、需要写些什么，又要敢于确定材料中不该写些什么、无须写些什么。确定好了写什么与不写什么的边界，我们收集资料、整理信息、提取素材就有了更加清晰的目标范围，也就更易于按照合则用、不合则弃的原则作出取舍，减少无效劳动，防止无用干扰，直接围绕写作目的和材料主题筛选真材实料、干货精华。

（二）通过审题确定起草程序

文章审题重点要关注文章必须实现的目标、发挥的作用，要思考实现这些目标和作用，需要作者开展什么样的工作，是成立起草组还是单打独斗，什么时间节点到达什么写作阶段，拿出什么状态的产品，这些都需要有一个大致的安排。

同时，需要明确组织提供什么、自己必须做到什么，才能满足这些要求，需不需要集中写作，写作过程中哪些内容需要经过什么人确认，具体需要经过哪些审查程序，这些也需要有一个大概的计划。

审题以后，要形成整个起草工作一系列的工作环节和基本的工作程序。按照审题确定的计划，经过组织确认后，文章起草工作即可按照既定的程序走下去。

（三）通过审题确定关注重点

重点关注题目的新与旧。要看类似的题目历史上有没有人写过，最新的版本是什么状态，对标当前的形势，要确定有哪些新的趋势性的内容，有哪些新的问题，组织有哪些新的特点，这些要素需要在文章起草过程中重点考虑。

重点关注任务的语境。就是要看文章的使用环境，是以公文的形式下发传达落实，还是以会议的形式由领导当众宣读等。公文下发或者外发一般要经历对口组织的逐级批转，文章要与对口组织的各级领导及具体的执行者见面，不同层级关注不同内容，在审题时要重点考虑。领导当众宣读需要重点关注宣读的各个环节，一般会议宣读时，客体基本是固定的几类人，之间思想层次差异性不大，对问题的认识差异也不会太大，但需要重点关注会议的氛围、领导的个人风格以及文章整体的高度。

重点关注素材来源。要关注题目涉及的事项与那些部门或者分支机构相关，哪些部门能够提供什么样的支撑，素材收集要重点与谁打交道。

重点关注客体的感情状态和预期。初步思考文章要顾及哪些情绪和感情，有哪些积极要素、哪些消极要素，哪些感情最为强烈，要有一个初步的主次和烈度排序。

（四）通过审题把握本质

刚接受任务时，往往面临诸多因素的干扰，太多东西会给作者带来困惑，这就需要在审题时抓住本质。有时题目涉及的问题看似非常宏大甚至牵扯线索和内容非常多，以至于开始写作时很容易出现不着边际、牵强附会、东拉西扯的现象。要想避免这些情况，就要扭住要害、抓住本质。抓住本质，就是要抓住那些真正反映事物自身得以存在的、最具特殊性稳定性根本性的东西，以及当前时间段中工作的主要矛盾和主要方面，这样才能在撰写相关材料时更加直接、鲜明地触及事物的内在特质和核心要害，才能拿出推动工作的有力的、针对性强的方法和举措。

（五）通过审题把握写作要求

请示报告等法定公文都有其规定要求，通过体裁即可把握。但是对于信息简报、讲话材料、汇报材料等体裁则要求多样，信息简报重点写上级关注的与本单位相关的，讲话材料重点写讲话人关注的与听众相关的，汇报材料重点写汇报对象关注的与本单位想说的。对上的文章和对下的文章写作会大不相同，受众不同，文章的出发点和目标也明显不同。长的文章和短的文章之间的要求差距更大，短的文章对写作要求更高。

审题，主要目的是在文章起草前或者在准备过程中，尽量多去了解与文章有关的信息和要求，避免因信息不对称给文章起草带来不必要的返工或者翻盘。同时，也尽量了解文章相关信息，为文章后续准备提供基础。审题，也可以让作者对文章起草的工作量有一个初步的准备，形成一个合理的、受作者掌控的工作计划，更重要的是，对文章的效果有一个初步的预期，并把自身调整到所需的工作状态。

八、选材

“空无一物的袋子是难以站得笔直的。”应用文作者，写不出他认知范围之外的内容。能否把知识用于写作，这是一个问题，是否有知识用于写作，这是另外一个问题。能够在写作中被各种思维模式调遣使用的，才是文章的素材，不管是作者自身平素积累的，还是针对写作题目有目的收集的。

写作是要和周围环境发生关系的，我们根据写作要求从环境中提取出的内容，就是我们写作必需的信息，利用这些信息，我们才能迈开“从物质到意识”这第一步，这些信息供大脑进行思维加工，才能让思想和意识产生。提供这种信息的环境就是文章所处的“势”。应用文写作中，作者只有掌握了一定的信息，才能对“势”有一定的研判，只有掌握了一定的问题和不足，才能在心中建立应用文写作的责任感和紧迫感，才能产生所谓的“气”。

从环境中提取出的信息，我们称为材料或者素材，素材是文章说明事项、阐述观点、感染受众、传播思想的基本元素。应用文写作中，材料的收集、整理、筛选、消化、吸收、使用，贯穿着文章起草的全过程。

同样，在文章初稿形成后，还要经过数据、理论、事实的准确性验证，也需要材料的支撑。写作中，能够供思考调遣的皆为素材，具体写作开始后，作者与材料的关系就是“以气驭材”，具体写作开始前，“气”根据材料而产生，势立而“气”生。

（一）收集材料

作者从环境中提取信息的过程，就是材料收集的过程，材料收集是一项贯穿文章起草过程的工作。文章准备阶段，应当尽量占有和文章有关的材料，尽可能形成对整体形势的感性或理性认识，供大脑的思维去加工。争取占有丰富的材料，只有做到“以十当一”，文章起草时才能有选择的余地。进入文章构思过程后，经过材料的筛选、加工，材料的范围更精准，可用性也就更强，随着文章进入具体写作阶段，留用的材料更少，需要补充材料的指向更准、挖掘更深，更靠近文章观点。文章成稿后，再通过一定材料收集和补充，对文章数据、观点进行验证，至此，收集材料的过程才算真正结束。

要做到点面结合。单独存在的事实和观点，用作材料时称为个别材料或者点材料，显示事物的局部。普遍现象和整体概貌以及共识类的观点，称为综合材料或者面材料。面上的内容和基本的情况粗略掌握。亮眼的、惊艳的点要进一步掌握，留待文中应用。有时不经意的东西可能会点石成金。比如可以形容当前形势的成语典故、重要人物发表的类似情况的讲话、标杆单位的类似案例、可以解决面临问题的管理理论等都可以在文中起到点睛、增色的作用。

要做到内外结合。对于组织而言，不同部门代表不同分工和专业，业务部门清楚地知道文章应该表达的重点，但是在本领域之外的知识掌握上存在一定的不足，有些人除了干巴巴的工作外，没有任何有灵气的、亮眼的东西储备。而从事文字工作的人，则由于习惯或者专业原因，在业务内容上存在深度不够的问题，但是在普适的案例、理论等方面却有更好的基础。两者的结合，可以实现互补的效果，可以用业务人员意想不到的方式讲该讲的东西，把散落在不同领域和条线的内容，以完整的、凝聚的方式展现出来，能够做到这些，已经构成了文章成功的基础。

要做到事理结合。材料基本分为事实性材料和观念性材料，收集时要统筹兼顾。事实性材料是指客观存在的现实事物，主要包括人物、事件、数字等。事实性材料可以通过直接经历活动收集，也可通过其他部门支撑、新闻媒体等途径获得。尤其是写作前进行具体的调查研究、座谈等内容，可以帮助作者掌握第一手的材料，提升作者对事情的直观认识，深化作者对题目所涉内容的了解，帮助掌握事情真实面目和背后动因。写作中，事实性材料是组织感情和作者文气的发源地，同时又是文字具体观点的支撑点，摆事实讲道理，事实是道理的基础。

观念性材料，也称为理论性材料，主要为了增强理性认识，这些理性认识一般都是在实践中反复验证，正确性得到公认的。理性材料主要包括科学原理、逻辑规律、定义、名人名言、格言谚语等，主要通过作者本人的学习积累获得。理性材料可以启迪我们的思维，得出符合要求的思维成果，也可以作为支撑，对文章观点进行点题和强化。

同时，还要做到现实材料和历史材料相结合、正面材料和反面材料相结合、直接材料和间接材料相结合。

（二）材料的筛选

根据文章目的需要，根据主线和思想观点的需要，把可用的材料进行加工、精细打磨、反复淬炼，需要改造的进行改造，需要升华的进行升华，做到吹糠见米、沙里淘金，使材料更有质量、更有质感。

材料要真实。材料内容必须是实实在在发生和存在的事，事情的发生、发展和终结都必须是正确的，包含的细节也必须是确凿无误的。以公文为代表的应用文具有法定的权威性，因此对选材的真实性要求非常严格，应该说，一旦使用材料的真实性出现问题，文章所要实现的目标根本无从谈起，负面影响也将远远超过预估。因此，必须将真实作为材料的首要筛选标准。

材料要典型。材料必须能够揭示组织活动中的本质、特点，揭示组织和工作运行的规律，具有广泛的代表性和说服力。因此，材料选择中，要选择能够见人见事、回答关切、照应观点、充实结构、提升文章说服力的典型材料。典型材料一般都是具体的、个别的，能够给别人留下深刻的印象，因此容易被别人接受。同时，典型材料又有明显的共性特征，能够体现同一类事物的本质和规律，因而具有普遍意义。

应用文材料选择的典型与否，关系到文章是否言简意赅，关系到说清楚一个道理需要的篇幅，越典型越能直达问题本质和核心，文章也就越简练。能说明同样问题的材料通常很多，但是说明程度最好、篇幅最短的只有一个。

材料要新颖。一定要关注新发生的事件和新出现的问题，时效性不仅体现在速度上，更体现在内容的针对性和新鲜感上。应用文写作，一定要关注符合新的形势、真实反映新问题的材料。社会发展较快，组织也日新月异，新的事物不断出现，文章作者只有密切关注现实生活、关注组织运行，敏感多思，才能及时得到大量可用的、新鲜的材料。材料的新颖与否，在很大程度上影响着文章的吸引力和说服力，新颖的材料可以吸引客体的注意力，同样，新颖的、别人不知道的材料，可以更完整地支撑文章的观点，进一步增加文章的说服力。

材料要聚焦。一定要关注材料与题目的相关程度，排除那些缠绕、附着甚至寄生在这些问题之上的迷惑和干扰，避免阻碍作者认知，影响作者深刻有效地把握事物真相。要通过材料筛选，识别出与所写问题完全不着边际的垃圾信息，分辨出与材料所涉问题伴生而存却可有可无的边缘情况，挑出与文章涉及问题密切相关的关键内容，并以之作为撰写文章的可靠基础。

（三）材料的使用

品味感悟。应用文写作中，正确的思想从哪里来，就是从对材料的品味、感悟、思考、加工中来。接到文章起草任务后，首要工作是对材料的收集和阅读，通过综合性、整体性的材料感受现状，通过典型的材料把握重点和关键，通过理性的材料演绎推算，判断后续走势。对事物的感性认识积累多了，就会产生一个飞跃，变成理性认识，产生思想。对材料有了充分的品味和感悟后，潜意识就有了发挥作用的土壤，内部语言思维模式就会启动工作，经过一定的思考和酝酿过程后，就会产生对应的结果。

准确归纳。虽然说材料选择和筛选都有一定的要求，但是，作者面临的仍然是一个散乱无序的素材堆。这就要求作者立足文章不同的起草阶段，学会从大量的、零散的、孤立的、看似不相联系的事情和现象中发现其内在的联系，进行科学研判、系统梳理，透过现象看本质、通过现状看趋势，归纳凝练出文章思路和主题。

把握角度。“横看成岭侧成峰”，“一千个读者就有一千个哈姆雷特”，同样一个素材，站在不同的角度进行阐述和解读，就会产生不同的观点。一些常用的材料，也可以挖掘新内涵、提炼新观点，让老案例发挥新活力。每一个案例都是立体的，选择了典型的案例后，作者就要根据行文预期目标，找到恰当的角度，进行适当的改造，纳入文章结构，为文章的目的服务。

（四）材料与思维模式

读书破万卷，下笔真的如有神吗？有了足够的材料就必然能写出足够好的文章吗？答案是不一定，读书和下笔都是物质的过程，读书是获取材料，下笔是输出思想成果，中间必然不能缺少意识的活动，也就是思维的活动。三种思维模式形成从物质到意识的过程，本质都是材料参与其中的过程，或者说都是大脑在感情、责任的驱使下，对物质信息（材料）进行加工处理的过程。但是，什么样的材料参与了什么样的思维模式，中间存在一定的规律可循。

1. 潜意识根据材料产生灵感

根据潜意识思维的特点，能参与这种思维过程的都是在作者头脑中有深刻记忆的、与文章相关的内容，在作者感情的驱使下，这些内容成为作者头脑中最活跃的内容，作者在从事其他工作、阅读其他内容、思考其他问题时，潜意识中都不自主地用获取的逻辑、理论、框架、组合、启迪来处理头脑中已经存在的关于文章的内容，得出的结果就是所谓的灵感或顿悟。

因此，潜意识思维发挥作用一般有三个方面的因素，一是作者头脑中固有的知识、理论、框架越丰富，所用来处理信息的工具也就越多，潜意识运行并发挥作用的基础就越好。二是作者经常性、习惯性的思考越多、越深人，潜意识发挥作用的路径越顺畅，作者潜意识发挥作用的效率就越高。三是感情越丰富、越强烈，对文章有关的材料记忆越深刻、越聚焦，作者头脑中关于文章材料的储备越多，能够投入到潜意识思维过程的内容越多，潜意识思维发挥作用的空间也就越大，思维的成果也就越丰富。

因此，经常阅读和学习的人，头脑中的知识越丰富；经常思考的人，越能有犀利的思考能力；感情强烈的人，越能够尽量多地记住与文章相关的关键内容；前两者是发挥潜意识力量的基础，感情则是把潜意识思维发挥作用、开启知识和能力宝库的钥匙，更是潜意识思维用于写作的关键。

对于日常从事写作的人来说，读的每一个字，琢磨的每一件事，脑海中泛起的每一次思想涟漪，都将有益于你的写作。

2. 内部语言思维根据材料产生意识

应用文写作中内部语言思维模式的确切定义，就是我们直接面对材料进行思考而没有落笔的思考阶段。

此时，作者面对的材料更加具体、丰富和精准，可以弥补潜意识思维时信息关键但相对模糊的不足，可以让思绪长时间集中在当前要思考的问题上（不排除潜意识有其他火花出现），可以在不同尺度上进入细节思考，比如可以综合尽量多的材料形成文章的主题或者整个结构，也可以结合材料对具体某部分的内容进行相对精细的构思，分出大概的逻辑层次、明确叙述的顺序，或者理清楚起承转合，进一步确定段落、语句的功能作用。

3. 外部语言思维根据材料产生文章

进入外部语言思维阶段，本质是作者思维成果进行输出的过程，潜意识形成的灵感，内部语言形成的逻辑和框架，再通过外部语言对具体材料进行加工和安排，最终形成了精准的文字、段落和篇章。

但是，需要重点注意的是，从意识到物质是一种飞跃，不是想得到就能写得出，写得出的往往与想到的有一定差距，根本原因在于外部语言思维是意识向物质转化的过程，也是意识直接作用于物质的过程。这里的物质有两个层面，一个是输出的文字本身是物质，另外一个就是外部语言加工编辑的材料本身也是物质。外部语言思维过程中，能否有力加工物质材料，考验的是写作能力、素养和训练水平。很多人文章中的材料逻辑是支撑立意的，但是展示的油是油、水是水，没有成为有机的一体，读起来佶屈聱牙，堆砌感十足。原因在于没有对材料进行充分的消化和加工。

因此，写作中的外部思维阶段，是以外部思维的模式和材料发生关系的过程，通过体会把玩、分析综合等手段，作者把初级材料凝练成文章精准的一部分。外部语言思维是一个较长的过程，持续整个文章具体写作过程。包括文章成型后的修改完善，也主要体现为外部语言思维模式在发挥作用。

（五）读书与材料积累

读书破万卷，下笔不一定如有神。但是，随着我们对各类材料不断地接触，我们总会有所感、有所思，这些过程产生的结果对写作必然有所作用。应用文写作新手很难直接上手，这是因为新手对组织内信息接触太少，很难有感性认识，更难有理性的认识，思考的积累非常薄弱，很难代表组织提出工作的观点和思路。

但是开卷还是有益的，如果一个人读书多，理论基础好，思考多，积累的思考成果多，进入一个组织的应用文写作岗位也就相对容易。他毕竟有占有材料、学习材料的习惯，各类思维模式运行衔接比较顺畅高效，有利于应用文写作。应用文写作是作者思考加工过的材料的选择调用，或者思考结果的选择调研，脑子里存货多了，可供调用的点自然更多，可以与组织实际结合的内容也就更多。所以说，读书多、知识面广的人不一定必然写得好文章，但是，读书多、思考多的人肚子里一定“有货”在文章中展示。

材料与文章的创新有密切的关系。作者对一篇孤零零的材料的占有与消化，对写作中的创新而言没有什么价值。但是，随着作者广泛地、大量地占有并消化材料，写作过程中，作者可以对这些思考成果进行再加工，观点的创新也就是水到渠成的事。这里借鉴一下互联网科技中的梅特卡夫定律：一个网络的价值等于该网络内的节点数的平方，而该网络的价值与联网的用户数的平方成正比，用户越多，网络价值越大，每个节点的价值也越大。写作能力与消化的材料数量正相关，创新能力与文气所能调动的思考成果数量正相关，思考成果越多，单项材料所能发挥出的价值越大，写作能力也就越强，大抵如此。材料之间有个融会贯通、由点到面的过程，因此材料积累和写作能力以及创新能力的提升是“厚积厚发”的关系，绝对不是“厚积薄发”。

（六）消化材料案例

苏轼文章汪洋恣肆，明白畅达，正如他所说：“吾文如万斛泉源，不择地而出，在平地滔滔汩汩，虽一日千里无难。”表现出的才情极高，随性写作都能左右逢源，摇曳生姿，明末清初的文人钱谦益说苏轼的文章像水银泻地一样，随处涌出。很多人认为苏轼全凭才情写作，其他人只能膜拜，无法效仿，甚至有人认为因为苏轼才情过高，他人无法企及，进而导致古文运动到苏轼就衰落了。但是根据苏轼读书的特点，我们可以理解苏轼的才情如何练就，也可以窥探苏轼高超才情的来龙去脉。

苏轼读书方法比较有代表性，即“八面受敌”法，在《又答王庠书》中，有详细介绍：“卑意欲少年为学者，每一书皆作数过读之。书之富如海，百货皆有，人之精力不能尽读，但得其所求者耳。故愿学者，每次作一意求之，勿生余念。又别作一次，求事迹故实，典章文物之类，亦如之。他皆仿此。此虽愚钝，而他日学成，八面受敌，与涉猎者不可同日而语也。”就是从单一的角度对文章和材料进行消化吸收，专注于一个角度或者方向取得突破，几番来回后，很多方向就都能有很深刻的理解和很深厚的功底了。

又如在谈到读《汉书》经验时说：“吾尝读《汉书》矣，盖数过而始尽之。如治道、人物、地理、官制、兵法、财货之类，每一过专求一事。不待数过，而事事精窍矣。”这种一意孤行，很容易“各有所得、各有所深”，在写作中，脑子里就有一堆满满的材料，写文章自然如水银泻地。

平常的时候，我们搜集、占有、分析、消化材料，应当专求一事，琢磨透材料背后的本质，久而久之，就会形成多角度的深刻思考，对同一个材料，也就能够多种角度、多种场合应用。我们日常读书、思考，也是在为写作积累素材，这个过程中，我们都可以借鉴学习“八面受敌”的方式方法，尽量为写作积累更多可以随时调用的成果。

我们在应用文写作时，不时会面临不同内容的文章，需要多角度研究、分析同一案例或者材料，或者就同一内容进行多次写作，这要求我们必须在材料的基础上形成更加丰富的思想成果，只有这样，我们的文章写作才能触处生春，才能恣意汪洋，而不至于一时技穷、词穷。

书到用时方恨少，说的是读书少而不能成事。书到今生读已迟，说的是看别人才气冲天，以为生而知之，其实只是自己读书的方式不对。应用文写作中，各类技巧和方法不是不可学，而是要从基础处学，在平时积累。

收集材料，可以是一生的事，因为知识基础要靠日常的积累。也可以是长周期的事，我们可能要花很长的时间对组织的情况进行深入了解，形成认识成果。也可以是很短暂的事，在具体的写作任务前，我们可以要求相关部门和条线提供基本信息，也可以走访了解真实情况，甚至可以要求部门起草代拟稿。但是，我们对材料的使用、加工、整理的方式方法应当是类似的，要按照写作的套路和要求加工材料，对材料进行研究分析，如果需要总结成绩、指出问题、分析形势、提出目标、明确措施等，我们就要从这些角度去阅读材料、解构材料，形成符合写作要求的思考成果。这个思考成果一定是材料表象掩盖的事物的本质，是作者对文章涉及内容的创新认识，这种情况下，写出的文章必然卓越。

选择材料、消化材料，其实是一个格物致知的过程。文章必须在知至的情况下，才能高质量地起草。作为一个以写文章为职业的人，也必须全面了解写文章当中的规律和知识，才能知行合一。推而广之，世间万事万物皆如此，苏东坡以八面受敌的方法读书、格文，文章读透之后，自己的文章就独步天下。朱熹研究二程、张载，所以能成“程朱理学”。王阳明格朱熹，后有知行合一。阳明格竹是个笑话，但是真正研究植物的哪能少得了对植物的观察呢。想在哪里有所成就，就要在哪里深入研究，就要在哪里获得感性认识和理性认识，最终打牢开展创新的知识基础。

（七）王安石取舍材料：剥去不用

应用文能够致用，关键在于提供的信息和观点可用于指导实践。材料中信息多样，需要作者择取，对于组织存在的问题以及发展的目标，各类观点也丰富多彩，甚至截然不同。

应用文作者，以自己的感情出发，基于自己的价值观和知识库，基于环境提供的各类材料，提炼自己的观点供服务于组织。本质的问题是作者以自己的观点对文章负责。

王安石是唐宋八大家之一，其文章瘦硬通神，简劲有力，达到了出神入化的境地。他对材料的择取、对观点的选择极具特色，也极具争议。后人刘熙载评价其风格：“介甫文之得于昌黎，在‘陈言务去’”；另一方面又指出，“介甫文于下愚及中人之所见，皆剥去不用，此其长也；至于上智之所见，亦剥去不用，则病痛非小”。意思是王安石善于摒除陈言套语特别是“下愚及中人之所见”，直达问题的本质，这是他文章的高明之处；但他对于“上智之所见，亦剥去不用”，则是病得不轻。

创作的人和批评的人最大的差别是：批评的人无法全面地站在创作者的立场上思考问题。所以，批评的人永远是片面的。

在我们写作的过程中，各类素材和观点都是无差别的，没有“下愚及中人”和“上智”之分，或者说这两者之间没有固定的标准。作者的选择只是根据文章需要或者组织发展的现实需要来进行，只是根据作者本人感性驱动之下的理性判断来进行，下愚之见有利于事，不妨大胆采用，上智之见偏离主题，不妨一笑拒之。

同时，是作者在通过文章为实践负责，不是其他人，因此作者也必须立足自己的判断进行选择。从另外一个角度分析，在给定的时间和环境下，作者综合整个组织的材料起草文章、按照组织的程序起草文章，这种情况下，没有选用的说明理性上、整体上不可选用，而不在于材料提供者的贤愚不肖。

我思，故我在，我写，故我选，核心就是我思考、我写作、我负责。本质如此，其他的就是智商和情商的统筹。

九、立意

没有立意就没有写作焦点，也就没有工作的方向。

必须靠文字来承载的核心内容、实现的核心目标、表达的核心思想，统称为文章的立意，也可称为主旨或主题。立意可以凝聚文字，形成文章，发出争鸣，影响受众，推动工作开展。

立意解决的是为什么写、写什么的问题，并为怎么做指明方向，要靠思维来系统确立。立意的过程，是作者和现实环境发生思维关系的过程，也是应用文创新的主要体现。

事立而情生，组织面临的环境和现实基础确定之后，需要做什么、该怎么做，实际上可以选择的空间已经有限了。客观上，组织能做的最佳选择只有一个，作者能提出的最佳方案也只有一个，我们文章立意，就是通过对环境、材料的研究，利用作者掌握的知识，通过作者的思维，来回答现状是什么、需要做什么、该怎么做这些问题，用精准的、新颖的文章观点、主旨来表述出来。这里涵盖两层意思，一层是要知道为什么、做什么、怎么做，也就是作者对各项材料研究分析后的结果；一层是用凝练、深刻、精准的语言描述出来。第一层可以用内部语言思考即可，第二层必须用高度考究的文字表述出来。

（一）立意的依据

立意好坏，最根本的衡量就是与组织实际需求的匹配程度。文章立意，一般可参考以下几种依据。

一是原道。《文心雕龙·原道》中有一句话，“《易》曰：鼓天下之动者存乎辞。辞之所以能鼓动天下者，乃道之文也。”说明了“能够鼓动天下的东西，主要在于文辞，文辞之所以能够鼓动天下，就是因为它是符合自然之道的缘故”。欧阳修有“大抵道胜者，文不难而自胜也”的论断，有大道做支撑，文章主张自然能够立得住、站得稳。

组织运行发展应当遵循组织所处领域的发展规律，组织的经营管理也需要遵循基本的管理学规律，更应当符合所有具有普遍性的客观规律要求。应用文章涉及的事项，所要推动开展的工作、解决的问题，也必须按照对应的规律办事。因此，作者在文章立意时，应当尝试用适合现状的规律作为立意的逻辑根基，把组织的现实情况代入后，指出当前现象下面的本质是什么，问题在哪里，方向是什么。

有规律做支撑的立意，是牢固的、颠扑不破的，也是符合组织需要的，可以指引实践的。

二是征圣。《文心雕龙·征圣》篇主要强调学习儒家圣人从事著作的态度，并提出“若征圣立言，则文其庶矣”，根据圣人的著作来写作，那作的文章就接近于成功了。文章立意过程中，我们也可以引用权威人士的思想观点和论述作为立意的立足点，在权威影响的范围之内都是可以成立的。可以把上级领导的说法、提出的倾向性观点作为立意的依据，在上级领导负责的范围内，也是安全的或者合理的。把领导或者领袖的观点和论述作为文章的立意基础，应当是应用文写作与艺文写作的重要区别之一。本质在于应用文多数在于一时一地所用。

三是宗经。《文心雕龙·宗经》认为，经久的道理、圣人的思想观点，都是通过经典呈现出来的，是为“文章奥府、群言之祖”。在文章立意过程中，我们引申为用理论经典、国家重要文件或者引用权威部门的文件精神、政策依据、原则规范等作为立意的依据，比如一般的科学著作、管理学经典、哲学经典、党的经典文献以及上级部门规划、报告等文件。文章立意时，要领会这些经典的精神，指导我们组织运行和工作开展。尤其是经典中与我们组织面临的情况有形似和神似之处时，我们就可以用经典中的思路推动问题的解决。

（二）立意的方法

文章立意是一个创新的过程，无论是原道、征圣、宗经，都是将理论结合实际，提出指导实践的观点、思路、办法，要言之有物，不是照搬照抄，更不是满篇空话套话。怎么结合现实的情况，拿出新的思路和观点，在操作中非常关键。一般有以下几种方法。

一是集成。一般体现在借鉴别人的观点，启发自己的思考，具体途径是通过博采众长、兼收并蓄，站在他人肩膀上进行综合提炼，形成更高层次的看法和观点。把诸多观点都拿来放在当前的现实中去进行逻辑检验，取长补短后也会有新的观点产生。这种集成，体现在融合基础上的创新，也体现在现实逻辑检验基础上的创新。

二是顺势。组织都面临着具体的形势环境和时代需求，如何顺应时势、形势、态势的变化，可以催生新的观点和思路。同样，具体规律在组织内运行，解决新的问题和矛盾，也会有新的思路和方法产生。只有把握大的方向、主题，才能把文章的主题置于时代背景之下，才能思考、表现出时代的精神，才能找到新的角度、思路，反映并解决新的问题。

三是逆思。要能够跳出惯性思维或者定势的约束，才能拿出新的观点和思路。因此要经常用逆向思维思考和研究问题。

四是借脑。一个人的能力水平毕竟有限，借助他人的力量可以帮助我们提出好的观点和思路。其他人尤其是领导和相关专业人士对环境和趋势的判断，对问题的把握，可以用来重点参照。要善于用别人的观点和言论启发自己的思维，形成新观点和思路。

（三）立意的几个要求

文章写作是一个立意展开的过程，通过起承转合实现对立意的闭环。在以立意为脉络的整篇文章中，不同章节、段落都有自己的立意，不同部分立意确立的过程与整篇文章立意确立的过程大体相同。

1. 突出长远和大局，立意要高远，切忌格局狭小。

意高文自胜，应用文立意的高度、展示的思想境界代表着组织的思想认识水平。同时，对于文章写作而言，立意牵引全文，立意高远，思路才便于打开，看问题才能全面。

文章立意时，要旗帜鲜明，毫不含糊，要倡导正确，反对错误。赞扬真善美，贬斥假恶丑；弘扬正能量，倡导积极向上的内容，批评负能量和消极腐朽的内容。

文章立意时，要突出战略性，不断培养战略思维，站在时代前沿、放眼未来，把文章涉及的局部内容放在全局和国际国内大背景下考虑和谋划，把眼前的工作放在历史的长远视野下加以思考和研究，力争从战略目标、历史视野的角度提出解决问题的方法、推动工作的举措。

文章立意时，要突出群众性，文章要从组织的利益出发，也要充分考虑文章受众的感受，要突出受众的利益，团结一切可以团结的力量，服务于组织发展和工作开展需要。

以上三个方面，受众是根本，先进性是基础，战略性是关键，都需要考虑到位。

2. 突出中心和本质，做到集中和深刻，切忌分散和浅薄。

文章中心不能分散，主题只能有一个，只有围绕一个主题、一个趋势、一个方向，才能抓住要害和根本，牵引动员一切力量，才能实现“振本而末从，知一而万毕”。

文章立意，要单纯，锁定一个方向，即使讲许多事情，出很多的政策措施，提很多要求，但是必须围绕一个中心目标、一个主旨来展开。如果客观形势所迫，必须统筹推进两项及以上重要工作，也必须站在这些工作之上提炼共性，找到能够盖住这些内容的说法，再进一步明确立意，也就是通过综合和整合，实现“在最顶层处找方法”的境界。一般情况下，要抓住主要矛盾和矛盾的主要方面确定文章立意。所谓“意高文自胜”，一方面是说立意有高度，文章自然有吸引力，自然高人一筹；另一方面是说文章要能够全面展示全局、整合各方面的要素，必须要把立意拔高，高出具体、高出现象，才能真正发挥统领作用，才能把必要的内容囊括进去、整合起来。

文章立意，要有入木三分的真知灼见。要善于归纳、总结、提炼，对事物能够进行由表及里，由此及彼、去粗存精、去伪存真的分析，以小见大，见微知著，能够发现和准确把握深层次、趋势性、前瞻性的信息，揭示客观事物的相互联系、本质规律和发展态势。

3. 突出创新和变化，要别开生面，切忌落于俗套、老生常谈。

文章立意新，才能有生命力，只见人云亦云、陈词滥调的文章会让人恹恹欲睡、望而生厌。但是，立意创新，不等于哗众取宠、奇谈怪论、花样翻新，必须有基础、有继承，能够站得住脚。同时，立意创新要注意组织理念、思想、文化、价值观等的连续性，不能朝令夕改，不能单纯为创新而创新。

文章立意，要领会新思想，紧跟新形势，掌握新材料。要能够从大量的、零散的、孤立的、看似不相联系的事情和现象中发现其内在的联系，从而提出独特的见解和论断。即使是已经长期存在的东西，比如一些常写的老题目，在新的形势面前，必然有新的变化以及新的需求，我们要准确发现和把握，提炼出与以前不同的内容。

文章立意，要选取新角度，找准切入点。每个事物、每种现象都有各自不同的特点，每个人看问题的角度也不尽相同。因此，要敢于打破常规思维、惯性思维，别出心裁，另辟蹊径，合理选择与众不同的角度，找到与众不同的切入点，在众人之上看问题，从众人忽视的角度看问题，力争拿出“人人心中皆想，人人笔下皆无”的新意向和新观点，写出令人耳目一新的好文章。

文章立意，要提出新思路，拿出新方案。一些讲话稿、报告等应用文，应当提出一些新的思路和方案或者目标供对应的客体研究并推动实施，思路不一定苛求完整、具体，只要方向正确，有助于凝聚人心和力量，即使不太成熟，也可以提出来供进一步酝酿。方案和目标不一定精准、周密，只要有针对性，有利于问题的解决，也可以抛出来供参考。

应用文立意，要尽量做到高远、集中、深刻、新颖、务实，做到政治性、理论性、思想性、指导性强。具体操作过程中，每一篇文章、每一个章节都达到这些标准比较困难，但应当作为文章写作的一个努力方向。

（四）立意的典型案例

戴表元（1244—1310）是宋末元初著名的文学家，他作文工于立意，即使别人做烂的旧题目，他也可以推陈出新、化腐朽为神奇。有人问他秘诀，他强调动笔之前要反复思考，提出了“三番来者”说。所谓“三番来者”，意思是说，开始思考时，你最容易想到的思路，也是别人最容易想到的思路，所以多数是一般化、大路货、老一套的东西，没有什么新意，应该抛弃不用，继续往下思考；第二番想到的思路，就会比较深入，刚好接触事物本质，但是不能浅尝辄止，还要进一步深入思考；第三番想到的思路，不是停留在事物表层的东西，而是深入到事物本质、把握事物规律、有新意的精彩独到的见解，然后才可以起草。“三番来者”说，要求在起草之前进行反复深入的思考。

思考结果的迭代，一方面说明通过思考逐步深入，作者本身认识的深度更接近事物的本质，这是作者主观思考的结果。另一方面是作者获取了新的材料，在新的信息支撑下思考变得更加深入、全面和系统，这是思维与客观世界相互作用的结果。一般情况下，这两个方面是同时发挥作用的。因此，立意的过程是一个主观与客观相互迭代，不断深入的过程。

十、结构

我们在气的推动下选材、立意，也要在气的推动下，在意的引领下，开始文章的布局，搭建文章的结构。结构是为表达立意服务，表现出应用文整体与部分，部分与部分之间有机联系的内部构造。明确立意，占有材料，只解决文章的观点和内容问题。立意是观点，解决“言之有物”；材料是基础，解决“言之有理”；结构，将观点和材料统一安排成篇章，使文章“言之有序”。因此，结构就是在作者感情和文章立意的作用下，对材料安排和组织的一种秩序和框架，也是从材料到立意之间的一种逻辑安排。

一般而言，一句话只能说清一件事，一段话只能说清一个观点，几段话可以汇集若干观点形成一层意思，若干层次即可形成一个部分，立意需要多少部分支撑，文章的结构就分几部分，再对应若干层次、段落和语句。因此，列出文章结构的过程也是立意细化落实、寻找基本支撑的过程。结构就是立意的初步物化，在明确了写什么之后，解决先写什么，后写什么，详写什么、略写什么，哪里开头、哪里结束，分几个部分、每个部分有什么样的层次，每个层次写什么，以及各个段落、层次、部分之间的相互关系等问题。

结构，是文章内部的组织和编排，是任何文章必须具备的内在骨骼，一般起草文章前，作者往往先要列出提纲，即使没有书面提纲，脑海中也要勾画一个初步的框架，形成文章初步的脉络，大致分清楚文章有几个部分，具体部分承担什么功能，应该安排哪些材料。每个部分要么经过思考后有了腹稿，要么有了具体的材料指向。

结构，是不同作者不同知识储备、不同思维模式在文章起草过程中的直接体现，材料占有程度不同，立意的支撑点也不同，文章结构必然迥异。占有相同材料的不同作者，写出的文章不同，实现的效果不同，最根本的原因在于认识不同导致结构体现出的逻辑模式不同、贯通程度不同、展示力度不同。因此，结构的基本要求应当是文章内部上下贯通、相互照应、逻辑严谨。

（一）结构设立的原则

必须反映工作的内在本质和客观联系。应用文章的结构，必须尊重所推动工作发展中存在的内在联系、客观规律。必须要提出问题、分析问题、解决问题，有时还必须要总结成绩、明确措施、提出要求，这些都可以作为文章的单独章节或者层次。层次和章节内部也要按照工作的逻辑进行具体的内容安排。

必须服务于感情的展开和立意的需要。能否顺利展开作者的感情，决定了文章与受众是否共情。能够表达文章的立意，决定了文章能否实现既定的目标。因此，起草应用文章，先写什么，后写什么，层次段落怎么划分，怎样过渡照应，材料如何取舍，必须服务于文气的展开和表达立意的需要。

必须与文章的体式相适应。应用文种类繁多，确立结构时必须从实际需要出发，一般而言，每种既定公文文体都有相对成熟的结构模式，一般的布局结构为“开头－正文－结尾”。叙述结构表现为“总－分－总”。具体的文章中，工作报告往往分工作总结、形势分析、措施要求几个部分。讲话稿对下就需要夹叙夹议提出若干要求，总结、形势分析和案例往往作为要求的根据或者佐证。讲话稿对上则是根据需要总结成绩、分析问题，作出表态（措施）。文章不同篇幅对结构也有不同要求，正式的报告在篇幅允许的情况下，必然要求层次分明、结构清晰。短文章则不建议结构复杂。一两页纸的文章基本没法进行层次划分，但是对结构安排的要求却更高。

（二）结构设立的基本要求

体式完整。应用文必须做到开头、主体、结尾部分齐备，不可残缺。讲话稿要有导语、有主体、有结尾。汇报材料要有前言和结束语。正式报告的完整性要求更高。同时，各部分要相对饱满，不能干瘪，也不能空洞。结构的脉络要畅通，首尾要呼应，不能存在脱节和迟滞，各部分要服从并回应主题的需要。同时，还要做到开头明快，主体充实，结尾有力，使整篇文章表现出内在的凝聚力。

层次清晰。撰写过程中，文章中随时随地都要面对大小、高低和主从的区别。结构布局时，要善于区分和界定不同层次的问题，又要善于在每个层次上以同一水平线衡量该水平线上的各个问题。才能保证文章各层次颗粒度大小相对一致，内容各安其位、相安匹配。

排列得当。文章结构应和人们对事物认识的秩序一致，与事物发展的一般规律一致，由总到分、由局部到整体，由特殊到普遍，由原因到结果，由过去到现在。总之，要有条有理，不要出现展开模式与发展规律不一致的情况，造成结构和逻辑混乱。一般而言，应用文写作的先后次序，要么遵循事物发展的逻辑顺序，要么遵循事物演进的时间顺序，要么遵循人们把握事物的认识顺序。所谓事物发展的逻辑顺序，就是按照事物发展的因果关系推导出先后，因在先、果在后；所谓事物演进的时间顺序，就是按照事物现实存在演化过程确定先后，过去很久的算先、新近发生的算后；所谓把握事物的认识顺序，就是我们自身探究了解事物全貌时的过程先后，通常是由表及里、由浅入深，表与浅为先、里与深为后。只要我们自觉地把握这些先后顺序，材料内容的叙述就很容易做到条理分明、头头是道。

内容连贯。一篇文章的上下、前后、左右，在内容上必须要做到相互连贯，思路畅通、逻辑衔接，不要有语义中断、残缺，也不要节外生枝、凭空乱入。结构布局或步步深入，或平行分列，或正反相衬，但是衔接必须紧密。

逻辑严密。文章的结构安排要逻辑细密，顺理成章。段落与段落之间、内容与内容之间，要么是因果关系，要么是主次关系，或者是并列关系、表里关系，总之各部分要互相衔接、互相协助，特别要注意大标题统领小标题，小标题照应大标题，同时小标题之间要按递进、并列等逻辑关系进行合理分类，不能相互矛盾、相互拆台、交叉和重复。在材料内容的撰写上，小标题部分的内容既要在自身限定的空间之内去安排，更要在上级标题容纳涵盖的范围之下来展开，否则就会造成文章各个部分内容大小错位、交叉错乱的后果。

种类多样。应用文讲求规范的格式，但是不要把文章的内容、风格模式化、程序化、八股化。文章结构种类一般包括层次地位相当的并列式、以时间或事物发展为顺序的纵贯式、层层深入的递进式、先总后分或先分后总的分总式，以及上述几种形式复合交错的交错式。避免长期以一种结构模式撰写文章，容易引起审美疲劳，导致文章效果大打折扣。

（三）结构布局的方法

如何根据结构设立的原则和要求开展工作布局，尤其是文章开始起草时，怎么做到符合结构布局的要求，需要一定的方法和技巧。

做好情景分析。不同文体有不同的相对固定的格式和布局，但是，要把文章框架立住立好，还必须做到具体情况具体分析，一把钥匙开一把锁，不要轻易套用“放之四海而皆准的模式”，或者在通用的套路下进一步做好下一层级结构的谋划。重点考虑受众特征，受众不同，大家关注内容不一样，写文章的目标也不一样，结构也就完全不一样。同一件事情的汇报报告，对上、对下、对内、对外重点都不一样。对上谈经验、谈做法、见思想，对下谈成绩、提要求、鼓士气，对内谈问题、谈措施、谈目标，对外谈亮点、谈意义、谈展望。重点考虑阶段特征。一件事情不同时期的应用文章不能千篇一律，把握好具体阶段对应的内在特点、外部环境，可以有新的结构和布局，写出新的意思来。

做好具体展开。文章具体的展开方式较多，比较典型的有以下几种。一是系统展开，对工作进行全面的谋划和部署，常见于组织的综合性报告，这类文章的结构有一定的范式，具体根据需要而定。二是逻辑展开，从为什么、干什么、谁来干、怎么干的逻辑设计结构，是一种比较常见的展开方式。三是是时空展开，从过去到现在再到未来，从本地到国内到国际，这种方法视野宏阔、纵深感很强，习近平总书记七一讲话就是按照这种结构展开的。但是一般难以驾驭，容易大而无当、漫无目的。

做好结构打磨。处理好虚和实的关系，务实的工作要穿插思想方法，不能就事论事。务虚的工作需要用更加实的内容来支撑，体现具体的措施和成效。处理好长和短，框架语言有长有短、可长可短，一般而言，同级框架要结构、长短尽量一致。

做好结构细化。大的框架确定后，要从主框架开始细化，划分各级标题，确定各级功能。各级标题的内涵要逐级更加具体，像一棵树，主干最粗、主枝稍细、分支更细，有逐步深入、逐步细化的层次感。但是要注意结构层级不要太多，构思阶段标题不要超过三级，有个大的概括即可，层级过多会导致逻辑关系难以协调，材料难以支撑，写出来的文章容易臃肿。相同层级的结构观点数量、篇幅要大致匀称、协调，不宜相差太多。

做好逻辑梳理。标题细分后，就要进一步理顺各级间的逻辑关系，尽量确保做到前后有序，按照时空顺序来铺排观点和内容；确保归类要合理，合适的内容放入合适的框中；确保体系要完整，不同标题间不能交叉，不能矛盾，也不能有遗漏。

做好标题美化。搭好架构后，应当对各级标题进行进一步打磨。让标题更准确，直击靶心、一语中的，点出内容的精髓。让标题更凝练，更加言简意赅，发挥好“立片言而居要，乃一篇之警策”的作用，每一级标题都要通过简单的几个字，概括出大意。让标题更传神，形象化地指出内容的特点。让标题更美观，做到对仗齐整，符合审美规则。

做好派兵布阵。结合文章结构，梳理素材情况，找出需要补充的点，确保各个部分都有素材支撑。对素材进行审视，看素材的真实性、典型性、新颖性和使用性是否充分，确保对素材进行全面掌握，确保在想用的时候用得上、用得好。

做好及时调整。结构不是写好就不变的，因为随着考虑的周详、认识的完备，文章的思路是在不断优化的，这就需要对结构进行及时的优化和调整。有时要砍掉一些不必要的条目，使文章更均衡匀称。有时需要对大的概念和内涵进一步拆分。有时个别标题设计欠妥，写作时进入死胡同，必要时就要调整写作角度，切换写作重点。关上一扇门，打开另外一扇窗。

（四）布局时的重点思考

在思考的状态下工作，在研究的状态下写作。先研究事，再琢磨字。字是形式、是信息载体，事是内容、是研究对象。只有把事想明白，才能把文章写明白。衡量一篇文章好不好、有没有内容、表达是否清楚，关键是看有没有把事情的内在机理研究清楚。研究分析事情，讲究向最基础处找原因，在最顶层处找方法，在最关键处下力气，一定要把最根本的原因找到，把最底层的因素找到，然后站在组织的高度或者比组织高一级的高度去想方法、整合资源、提出建议，这样才能实现举重若轻的效果。

要研究思考事情的内部结构。弄清楚事情涉及哪些环节、方面、过程，这些环节、方面、过程经过细分后又涉及哪些要素，依次剥下去，就能找齐事情发展最基础的驱动因素。通过这些分析，利用不同维度进行穿插排列，事项就能全面立体地展示出来。比如，可以通过时间轴、内容轴、措施轴等维度展示各类要素。

要研究思考事情的内在联系。要认清各方面、环节、阶段之间的联系，认清各级要素之间的因果关系、主次关系，把直接的、关键的联系找出来，在文章中反映出来。文章的内在逻辑和层次才能更加清晰。才能把核心、关键的信息清晰、直观地展示出来，才能让文章的中心更加聚焦。

要研究思考事情的个性特征。个性特征就是事物区别于其他事物的标志性特点、表现，把握个性特征在结果、起因、动力和演变过程方面的表现，可以帮助我们清晰地分辨该事物与其他事物的区别所在。只有找准个性特征，才能准确地反映客观事物，才能让受众准确认识事物主要矛盾和特点，提出的措施和要求才有针对性，解决问题才有实效性。

要研究思考事情的内外环境。每项事物都面临着自己的内外部环境，研究事物，应当关注对事物有直接影响的因素和方面。写文章，必须了解所写内容处于什么背景、面临什么形势，研究工作的意义何在，从而回答是什么、怎么办。

结构，是作者思维与环境发生关系的初步结果，也是构思过程的结束。它牵引着作者后续的思维，推动由物质到意识，由意识再到物质的转化。同时，结构是加速推动由内部语言思维向外部语言思维转变的工具。伴随着思维结果的逐渐清晰和准确，结构也是随着认识的加深不断变化和自我完善的。

（五）应用文通常结构及要求

一般由标题、头尾和中段组成。

1. 关于文章标题

标题具有“立片言以居要，乃一篇之警策”的作用，把最简明扼要、含义贴切的观点性言论放在全篇之首，起到统辖全篇的作用。标题一般要简单、传神，千万不要太冗长。

公文，应当按照国办和中办发布的公文种类拟标题。作为会议报告或者调研报告，标题应当与主题高度匹配，展示思想和主题，凝聚着文章的“气”。同时作为报告，可以有副标题，一般情况副标题说事，主标题传神。

文章标题拟定有时很容易，有时却最费力，这跟文章的体例和要求有关。一般而言，文种越具体越易拟标题，比如通知、报告、请示，这类文章的标题比较简单，按要求写通顺、写明白即可。事项越单一、目标越单一越好拟标题，因为文章内容比较容易概括。单位层面的综合性报告以及各类署名文章，由于需要在很大范围内传阅，对文章整体要求都非常高，标题作为最先映入眼帘的部分，拟定时需要花费更多功夫。

在思考文章标题时，尤其是要求较高的文章标题时，要重点关注以下几个方面的要求。一是突出工作特色，能够展示文章主要内容的特点。二是突出单位特点，标题不是换个单位都能用，带有具体单位某个时期独一无二的特点，看标题就知道是某个具体单位的事。三是文字不落俗套，有时还必须带有文采、言辞生动形象，还能营造一定的意境，展示一定的态度和精神风貌。四是这类文章的标题一般不是先拟好的，而是文章基本告成的时候再有一个画龙点睛或者一锤定音的过程。这个过程本质是对文章立意的一个美化或者装修的过程。

这个过程是一个对字、词、句进行组合创新的过程，要把必须关注、必须体现的要素进行精准提炼，以符号的形式在标题中体现。同时，必须对提炼出的要素进行恰当地组合，这就涉及创新应用，要素提炼的精准，组合后不见得就能体现出想要的效果，况且一般生硬的组合都是不成功的，需要将具有常见的、雅致的、高深意向的语句移植描述文章要素。比如说一个火箭研制单位某年的工作会报告题目《披坚执锐勇担当，弓紧箭远再出发》，就不是纯粹火箭、担当、再创辉煌等要素的直接生硬使用，而是跳出了这些要素，通过常见的词语组合，体现出了要素和特征，同时营造出一定的画面感，也生动体现了组织的精气神。

文章拟定标题前，应当分析文章发布的载体。阅读的范围、宣传的形式，从而确定文章要表述的内容，再进一步确定文章标题所要展示的内容。在由文章内容上升到标题内容时，需要一系列思维方式的转变。一是需要对文章内容进行再提炼，找出最核心、最需要表达的内容。二是要跳出写文章的思路，不要拘泥于具体的事物、具体的逻辑，而是要重点从感情、画面、意境等方面去整合文章要素，从作者知识库里发掘与文章相关联或者遥相呼应的要素，从文章内容涉及的大背景下寻找能够引起共鸣的要素。这些要素在进行组合凝练后，才能有望找到让人眼睛一亮的标题。三是要注意简单的就是美的，文章已经对内容有充分的阐述，标题要实现点睛和定音，一定要言简意赅、形神兼备。要有律诗的意境和画面感，要有古诗词对文字的雕琢，但不拘于诗词的体裁和格式。

标题需要努力打磨推敲，也期待神来之笔，所谓神来之笔，所谓灵感，不过是平常积累之上的潜意识思维结果，我们还是要通过具体的训练，提升我们内部、外部语言思维的犀利程度，形成我们惯常的思维套路和方法，才能有更多代表灵感的内容从我们的头脑中产生。

2. 关于开头

开头是为了引出文章主题，一般要讲清楚为什么写这篇文章。虽然没有固定的开头模式，却一般遵循开门见山、落笔入题、起句发意、以直为贵的原则，迅速接触实质性内容。

会议报告就说我们开会要实现什么目标、公文就说为了实现什么目标需要做什么。调研类的报告、综合信息等一般通过三言五语直奔主题。汇报材料一般有“前言”，基本是用简短华丽的辞藻把汇报对象供起来，把汇报内容引出来。

开头要漂亮，要先声夺人，要写出“凤头”之美。要能够引领全文的“气”，铺陈全文的“意”，做到统帅全篇。

3. 关于结尾

有的文章言尽文止，没有特意的结尾。但一般正式的报告、讲话和汇报材料都要有专门的结尾。结尾一般不会有实质性的内容，但是像鞭子挥过后留下的响声，影响的不只是鞭子本身影响的范围，要以声夺人、以势夺人。一般而言，结尾要对文章的主题进行回扣、对文章目标进行再次强调。同时，结尾的语言应当更加宏大，可以拔升工作的意义，也通过这些语言进一步感染受众，努力实现文章提出的目标。结尾是文章“气”的一次强调和升华。

对于固定体例的公文，文末提出要求、希望等，常用一些惯用语或请求式、总结式、强调式、说明式、分析式、呼应式等模式做正文的结束。公文写作中不少文体没有单独的结尾，正文完毕，全文也完结。

4. 关于中段

文章讲究"凤头""豹尾"，中段就是"猪肚"。可以有很大空间让我们去安排内容。围绕行文的基本意向展开内容，叙述情况、分析问题、制定决策和解决问题的原则、途径和方法，让大家明白怎么去做。

中段一般讲究建筑美，要有合理的章节条目。不同层级的标题就是文章的骨架，文章的"气"就是脉络，依附于骨架，服务于脉络的材料表述就是文章的肌肉。中段的结构层级决定了文章的长短，想把文章写长，层级多了，文章肯定长。要把文章压缩，不压缩层级，往往非常困难。

根据我们对材料的整理，我们可以分成相对合理的若干个框，归类放置我们要表达的内容。不同的框就是不同的标题。章节标题的要求和文章标题的要求一致。一级标题紧扣文章主题，二级标题紧扣一级标题，做到环环相扣，首尾相顾。

结构无定法，规律可摸寻。结合审题的结果，结合材料的收集以及具体文章的立意，作者因事而异，因对象而异，因篇幅要求而异，考虑文章的应用场合、应用目标，安排文章的结构，部署文章的内容。这些要素都考虑到了，讲述的逻辑顺了，文章结构也就差不多了。

十一、句群

文章中，几个在意义和结构上有密切联系的各自独立的句子组成的语言单位，我们称为“句群”或者语言片段、语段。一般由前后连贯共同表示一个中心意思的几个句子组成。一个句群对于全篇的思想和感情来说，只是连贯的思想流中的一个点、一个步骤，是情之所寄、意之所托的基本颗粒，是表达独立功能、思想和感情的基本单位，集立意、文气、功能三位为一体。

句群已经能够体现出一定的语境、氛围，句子在句群中的意义指向更加明确，作用更加具体，词语在句群中出现，能够展示更加具体和特别的意义，能够拥有更强的感情色彩。很多单看普通的句子和词语，在固定的句群之中发挥不普通的作用。句群使得句子和词语不再是语言要素，而是具有了系统的特征。

因此，应用文写作中，句群是文章结构骨架上附着的肌肉和组织，文章通过句群来丰满和充实。句群是素材的具体应用区间，素材在句群内形成观点、支撑观点。但是文章中，句群之间并不是无序的，而是根据一定的关系组合在一起，形成层次、构成部分，最终成就文章。

文章结构搭好后，最主要的工作就是利用外部语言思维模式，把句群谋划好、安排好。句群就是在立意牵引下，由思维产生的具体的、局部的结果。

（一）句群的组成

句群就是在特定的文体中，介于句子和篇章之间，由两个或者两个以上句子组成，在形式和内容上与上下文相互关联而又相对独立的一段话，且句子与句子之间在意义上有一定的逻辑关系、在结构上有较为密切的语法联系，在形式上常以一定的语言手段作为组合标志的语言片段。

一般而言，句群的内部结构可以简单地划分为：始发句、支撑句、终止句三种句型。始发句相当于文章的开头部分，通常指的是开头的第一句或者第二句话，起到提出话题或揭示中心语义的作用；支撑句相当于文章的主体部分，在句群中一般起到延续上文，支撑主题的作用；终止句相当于文章的结尾部分，通常指的是句群中的最后一句话或者最后两句话，起到归结话题，或者引申话题的作用。

（二）句群的特点

句群的特征突出表现为以下三点。

思维逻辑性。由于应用文的思维逻辑性较强，行文也较为严谨，因此句群也是遵循应用文的思维模式，有条理地组合在一起的。句群相互之间联系紧密，无论在意义，还是表达上都要受文章的思维逻辑的制约，呈现出较明显的思维逻辑性的特点。

结构连贯性。句群的次序安排要受语意的制约，在应用文的篇章结构中，句群除了要在结构上保有语意的连贯性，还要通过一定的逻辑关系、语法联系等组合手段进行上下文结构的相互连接，使句群在篇章结构中连贯有序，因此句群具有明显的结构连贯性的特点。

意义向心性。句群大都是相互独立的，并能够表达一段相对完整的中心意思。虽然每个句群在篇章结构中都具有一定的地位和作用，但这些句群都是为了整个公文的中心意思服务的，并紧紧地围绕着文章的主旨思想，因此句群在其意义上具有很强的向心性。

（三）句群的种类

从文章的表意功能及在公文篇章结构中所发挥的作用两方面入手，句群主要分为缘发型、过渡型、说明型、总结型、分析型、决断型、呼应型和祈请型八种。

根据应用文的通常结构，文章可分为头、主体、结尾三部分，在这三个部分中又分布着不同类型的句群，起到点明主旨，领起下文，承上启下，呼应上文，说明问题，深化主题等重要作用。

在应用文写作中，基本是解决为什么、做什么、怎么做的问题，按照最大包络，我们通常要面对的是为什么写文章、当前什么状态、有什么经验、存在什么问题、确立什么目标、开展什么工作、提出什么要求这些功能性内容。这些功能往往由对应的句群来实现。因此，应用文写作的重心就成了依据主题需要写好不同形式的句群。

（四）句群在不同部分中的应用

1. 开头部分常用句群

在应用文的开头部分或者某层级的开拓部分一般包括三种类型的句群：缘发型、过渡型和说明型句群。

（1）缘发型句群是指对文章或层次的背景、原因、目的、依据、意义等进行阐述的句群。缘发型句群通常置于文章或者部分的开头部分，引导客体认识到文章内容的重要性，促使受文者接受文中所提出的意见。这就是典型的缘发型句群在应用文中的应用。例如：

根据全年工作安排，××××已全面启动2019年工作会筹备工作。为系统做好2018年工作总结并对2019年重点工作进行全面动员，需要各部门配合提供工作会报告相关素材，现将有关事项通知如下：

……

引自工作会报告征集素材的通知

（2）过渡型句群是指在应用文的内部结构中，用于上下文衔接与转化的段落。在文章中的位置较灵活，起到承上启下的作用，在各类应用文中较为常见。

2009年，是××历史上极为重要的一年。在上级机关的正确领导下，××全面贯彻落实党的十七大精神，开展深入学习实践科学发展观活动，围绕“保军促民”，强化管理创新，深化调整改革，经过全体干部职工的共同努力，各项工作顺利推进，为圆满完成全年各项任务、全面推进大型科研生产联合体建设奠定了坚实的基础。

引自企业职代会报告

（3）说明型句群是指对文中所涉工作及事件的背景、基本情况或基本过程等作出的简要的概述说明。此类句群在公文或者讲话稿的开始部分较为常见，但有时也可在公文的正文或者结尾部分交代所涉事件的相关内容，多见于报告、调查报告、函、批评性通报、工作总结等。

据美国空军发言人宣称，美国空军研究实验室（AFRL）于2021年12月16日进行了“急龙”（rapid dragon）空中发射系统的首次完整测试，一架MC-130J型运输机使用“急龙”系统发射了一枚增程型AGM-158 JASSM-ER巡航导弹实弹，成功击中了位于墨西哥湾的目标。

本次试验的成功标志着美军打通了使用运输机发射巡航导弹的完整技术路线，这意味着未来数年内美军数量庞大的运输机队（687架）可通过搭载“急龙”系统的方式承担巡航导弹空中发射任务，赋予美军远程打击作战极高的任务灵活性和火力投送密度，其指向性显而易见。

引自某综合信息

2. 主体部分常用句群

在应用文的主体部分一般包括五种类型的句群：说明型、过渡型、总结型、分析型和决断型。在此重点介绍总结型、分析型和决断型三种句群的模式。

（1）总结型句群是指对文中所涉工作及事件产生的影响及认识进行归纳总结的句群，即对所涉工作及事件的规律、成绩、政绩、教训、经验、认识等的总结。我们很多报告中都有总结相关部分内容，这些内容就是不同层次总结句群的集合。例如：

经济指标全面完成，发展质量持续提升

2020年，全体干部职工保持定力、精心谋划、大力推进、持续奋斗，勇于破解发展中的各项困难和问题，全面实现了各项经济发展目标。全年实现营业收入470.27亿元，同比增长9.16%。实现利润41.14亿元，同比增长33.78%。实现经济增加值38.1亿元，同比增长29.02%。成本费用率下降到92.22%，同比下降1.35个百分点。全员劳动生产率达到59万元/人年，同比增长13.68%。经济发展质量进一步提升。

引自某企业工作会报告

（2）分析型句群是指对文中所涉工作或所论事物做全面的、深入的分析，在吸取经验教训的同时，还要对其形成的原因及存在的问题加以深入的分析。

新发展阶段的军事斗争形势对装备建设提出了新的要求。

当前，我们正处于民族伟大复兴的关键阶段，国际形势正处于百年未有之大变局，国家面临着大国博弈、国家统一的复杂环境，各项军事斗争准备会更加全面和深入。斗争形势决定了国家在武器装备方面的需求在一定时期内会持续增长，××也将承担更重的使命责任，面临更好的发展机遇。面对国家的需求，我们必须要胸怀两个大局，恪守强军首责，在推动民族复兴、实现第二个百年奋斗目标的伟大征程中作出更大的贡献，在国防建设和航天强国建设中扮演更加重要的角色。

引自某企业职代会报告

（3）决断型句群是指依照法律法规、政策命令、客观实际，具有主观意图地对在工作中所产生重大影响的人或事件作出相关判定的句群，包括指令、要求、委托、意见、措施、任务等。决断型句群是因文而异的，不同的文体写法也不尽相同。它常见于通报、通知、决定、批复等。例如：

同时，必须清醒看到，我们的工作还存在许多不足，也面临不少困难和挑战。主要是：发展不平衡不充分的一些突出问题尚未解决，发展质量和效益还不高，创新能力不够强，实体经济水平有待提高，生态环境保护任重道远；民生领域还有不少短板，脱贫攻坚任务艰巨，城乡区域发展和收入分配差距依然较大，群众在就业、教育、医疗、居住、养老等方面面临不少难题；社会文明水平尚需提高；社会矛盾和问题交织叠加，全面依法治国任务依然繁重，国家治理体系和治理能力有待加强；意识形态领域斗争依然复杂，国家安全面临新情况；一些改革部署和重大政策措施需要进一步落实；党的建设方面还存在不少薄弱环节。这些问题，必须着力加以解决。

引自十九大报告

3. 结尾部分常用句群

在文章的结尾部分一般包括三种类型的句群：总结型、呼应型和祈请型。这里重点介绍呼应性和祈请型。

（1）呼应型句群是指根据文章不同的篇章结构及写作需要对前文或全文主旨作出呼应的段落，即提出希望、发出号召、强调重点等。呼应型句群通常会出现在公文的结尾部分，如“特此通告”“特此报告”等，此种呼应型公文语段通常只有简单的几个字，并独立成段。

各位领导，同志们：担当者兴、奋进者成、实干者胜，站在“两个一百年”的历史交汇点，放眼航天强国建设征程和“十四五”发展目标，征途漫漫、唯有奋斗！让我们紧密地团结在以习近平同志为核心的党中央周围，在集团公司党组的坚强领导下，凝聚全院2万名干部职工，继续保持艰苦奋斗、戒骄戒躁的作风，铆足时不我待、只争朝夕的干劲，激发开拓进取、奋勇争先的士气，汇聚万众一心、无坚不摧的力量，奋力夺取新发展阶段航天事业新的伟大胜利，为建成最具综合优势和创新活力的一流航天技术企业而不懈奋斗，为建设航天强国、建设世界一流军队作出新的更大贡献！以更加优异的成绩庆祝中国共产党成立100周年！

引自企业工作会报告

全体中国共产党员！党中央号召你们，牢记初心使命，坚定理想信念，践行党的宗旨，永远保持同人民群众的血肉联系，始终同人民想在一起、干在一起，风雨同舟、同甘共苦，继续为实现人民对美好生活的向往不懈努力，努力为党和人民争取更大光荣！

引自习近平七一讲话

（2）祈请型是指在上行文中，下级对上级发出的请示、请求或期望，以及上级对下级、同级之间提出的请求等，一般置于公文的结尾部分。

（四）句群的内部逻辑及案例

应用文是客观事物的反映，是一个完整的生命体，部分与部分之间、段与段之间、句与句之间都有逻辑关系，事物之间按照其“气”和意的表达，把关系理清了，文章也就差不多了。要把句群内部的关系理顺，需要重点关注句群内部的逻辑关系种类。

总分关系。总分关系也就是纲目关系。例如：

人民生活不断改善。深入贯彻以人民为中心的发展思想，一大批惠民举措落地实施，人民获得感显著增强。脱贫攻坚战取得决定性进展，六千多万贫困人口稳定脱贫，贫困发生率从 10.2% 下降到 4% 以下。教育事业全面发展，中西部和农村教育明显加强。就业状况持续改善，城镇新增就业年均 1300 万人以上。城乡居民收入增速超过经济增速，中等收入群体持续扩大。覆盖城乡居民的社会保障体系基本建立，人民健康和医疗卫生水平大幅提高，保障性住房建设稳步推进。社会治理体系更加完善，社会大局保持稳定，国家安全全面加强。

主次关系。主次关系也就是重点和一般的关系，是影响与被影响的关系。

我们要深刻思考用什么来承载企业的发展，用什么来支撑企业的战略，要立足后续十年或更长远的发展需求，在充分考虑产业发展趋势及规律的基础上，优化整体布局方案，响应长三角一体化国家战略，推进浙、苏、皖等地产业布局落地，用全新的产业布局支撑企业高质量发展。

并列关系。并列关系就是相互之间不相隶属又相对独立的一种关系。

产业发展方面。一是历史负担仍然较重，在一定程度上影响了八院产业高质量发展。二是存量产业缺乏核心技术支撑，经营风险管控不力，激励约束机制不科学，核心竞争力整体不强。三是新产业均处于培育阶段，成规模、盈利能力强的公司不多，支撑替代作用不够，产业整体仍处于新旧动能转换阵痛期。四是部分干部职工航天归属感不强，规矩和纪律意识较弱，产业高质量发展的作风基础仍需进一步夯实。

递进关系。递进关系包括空间、时间、逻辑上的递进。

要坚决防止形式主义、官僚主义滋生蔓延，对于形式主义和官僚主义问题，要毫不妥协、全面检视、靶向纠治，尤其是针对“说了等于做了，做了等于做好了”“遮盖、回避问题”等现象，要坚持露头就打、反复敲打、人人喊打。

点面关系。面是概述，点是典型。

全面开展新一轮产业空间布局规划论证，完成《产业空间布局调整优化论证报告》，提出“征、扩、转、留”的差异化策略，明确了“沪苏浙皖一体化”新的产业空间布局。

定量和定性关系。定性是逻辑判断，定量是精准描述。

2021 年上半年，在 60 年发展成就的基础上，在 60 年奋斗精神的引领下，在 60 年奋斗事迹的感召下，全体干部职工不忘航天报国初心，牢记航天强国使命，持续奋斗、共同奋斗，各项工作都取得了积极的成效。经济发展势头良好，实现营业收入 237.53 亿元。实现净利润 21.64 亿元，同比增长 38.5%。营业收入利润率提高至 16.98%，同比增长 2.26 个百分点；全员劳动生产率 60.29 万元 / 人年，同比增长 16.23%，经济运行质量明显改善。

虚实关系。虚就是要有高度、有理论支撑，实就是要有数据、有案例、有事实支撑。两者必须紧密配合，虚实相间，融为一体。

习近平总书记在十九届中央纪委五次全会上强调："要深入开展党的优良传统和作风教育，完善作风建设长效机制，把好传统带进新征程，将好作风弘扬在新时代"。×××董事长在党风廉政建设及反腐败工作会议上提出，"打铁必须自身硬，越是形势复杂，越是任务艰巨，越要把我们的队伍建强、让干部过硬。"我们应当持续深抓作风建设，持续营造良好的发展氛围，为企业健康发展、高质量发展提供作风基础。

因果关系。

同志们！改革开放之初，我们党发出了走自己的路、建设中国特色社会主义的伟大号召。从那时以来，我们党团结带领全国各族人民不懈奋斗，推动我国经济实力、科技实力、国防实力、综合国力进入世界前列，推动我国国际地位实现前所未有的提升，党的面貌、国家的面貌、人民的面貌、军队的面貌、中华民族的面貌发生了前所未有的变化，中华民族正以崭新姿态屹立于世界的东方。

句群的写作，就是通过不同逻辑构成，把相应的材料有机组合起来，形成独有的功能和思想，把句群表达的含义指向文章立意所需要的方向。把握这些逻辑种类，我们就可以构建符合文章立意需求、也符合材料现状的句群，再以这些句群为基础单元，以气和意为统领，构建整个文章。

（五）句群层级的思考

句群是为表达文章气和意服务的，根据应用文的特点，气和意是通过结构进行功能性展开，对"为什么写文章、当前什么状态、有什么经验、存在什么问题、确立什么目标、开展什么工作、提出什么要求”进行布局，再通过一个个独立句群进行具体展开的。因此，句群写作中，要注意感情上与文气一致，符合所在部分的感情色彩，在表意上与文意相呼应，能够满足文意表达要求，在功能上能够实现文章结构所赋予的功能。以这三个方面为整体要求，来思考句群的具体写作。

要用外部语言确定整个句群的主旨。可以由一个初步的主旨来引领整个句群的写作，然后再根据写作情况迭代一个更完整、精确的主旨。主旨可以占据句群首行或者单列标题。

要运用恰当的逻辑结构组织该句群涉及的材料，精炼、简明、充分表达句群主旨，实现句群功能，发挥句群在文章中的作用。

一句话表达一个意思，几句有联系的话有机结合在一起，建立了一个层次，支撑了更高的立意，这就是一个句群的构成和作用，文章就是靠这种方法增材写就的。

十二、语句

句群是表意的基本要素，句子则是句群的基本组成，也是语言中一个基本意思的表达，一个基本功能的实现，涉及语音、词汇、语法的基本应用。从美学的角度，关系到文章是否流畅、上口、生动、鲜明。从实用的角度，关系文意的表达、感情的铺陈，还关系到客体的感受，关系到具体的效果。

句群要实现表达感情、展开立意、发挥功能三个方面的作用，必须要在句群内部逻辑的基础上，进行语句的雕琢。在语句上的构思、输出与修改完善，标志着写作已经全面进入以外部语言思维为主的思维过程中。

如果立意是文章的中心，结构是文章的骨架，句群是文章的器官，语句则是文章的组织。明代庄元臣所作的《论学须知》中，将文章写作技巧喻为排兵布阵，“意”为大将，是一篇文章的纲纪；“句法”为士卒，随“意”而动。《文心雕龙》里也指出，“宅情曰章，位言曰句”，就是把感情内容安顿好叫分章，把语言安顿好叫造句。一个句子说透一件事，一段话表明一层意思。句子内容和句间安排必须要服从服务于整篇和段落立意和功能需要。才能做到逻辑上前后相照，与立意呼应，做到内在意义一脉贯通。

除此之外，还必须注意以下事项。

（一）句子安排要符合语言规律和习惯

语言有语调、韵律，这既是一个习惯问题，也关系到语言美的问题，更关系到是否符合客体的理解习惯，最终影响文章效果的问题。朱光潜在《诗论》中指出，“高而促的声音易引起肌肉及相关器官的紧张激昂，低而缓的声音易引起他们的弛懈安适。联想也有影响，有些声音是响亮清脆的，容易使人联想起快乐的情绪，有些声音是重浊阴暗的，容易使人联想起忧郁的情绪。”刘大櫆也有类似观点，在《论文偶记》指出，“音节高则神气必高，音节下则神气必下，故音节为神气之迹。”应用文想要打动人、说服人，还必须通过句子音律安排，尽量调动大家的感情。根据语言学及播音学的观点，每个字发音的部位不同，表达出来也具有不同的感情特点，读起来感受不同，听起来感受也不同。

应用文虽然不像骈文、律诗那样要求押韵和讲究抑扬顿挫，但为了增强语言的表现力，必须要有一定的文气、文采。好的应用文，音节匀称协调、错落有致，声调平仄相间、和谐优美，势必增强节奏感，产生朗朗上口、生动悦耳的效果。一些文章之所以读起来平平淡淡，甚至很不流畅，听起来让人感到单调乏味，其中很重要的一条就是公文写作者不会利用修辞手段调节声调和音节、音韵，以致公文语句缺乏匀称性和节奏感，缺乏音韵美。

具体写作过程中，内部语言思考是不考虑语言规律的。文章使用的时候则必须考虑读起来是否连贯，因此，外部语言思维阶段必须考虑这些要素。首先就是注意升降调、双声、叠韵的灵活安排，避免一句话全部用仄声或平声，这样句子会单调难读。也要避免双声、叠韵的人为分离，不然读起来别扭。其次是注意句内音调的灵活安排，做到音节匀称、声调和谐。音节匀称，即根据表达需要，恰当选用不同的词或短语，从而使音节整齐，表达效果突出。声调和谐，即恰当利用不同的声调，形成有规则的变化，平仄相间，跌宕起伏，使语言具有抑扬顿挫的节奏感。第三要根据文章感情的变化更换韵律，力争做到押韵自然，做到发声部位均衡，避免太过单调引人入睡，也避免诵读文章时长期一个部位发声导致嘴巴劳累。第四，句子长短要灵活铺陈，一直用长句则死气沉沉，一直用 短句则散乱无序。要力争实现意、调、韵的协调安排，语言节拍与情感节拍共鸣。

根据应用文写作要求，表明情志务必要高远，调配音律则必须要细密，情志由心而生，声音由声带发出，由唇吻进行调和，最终的效果，还是要靠思考谋划、周密安排后才能达到理想的效果。

（二）句子安排要有助于功能展开

文章立意和段落主旨的展开方式不同，段落内的句子安排模式也对应不同，要么像抽茧剥丝，按照时序、逻辑先后铺陈；要么按照剥洋葱的方式，由外及内安排；要么主题在前，逻辑论证跟随在后。

为概括述事说理，选用陈述句，但是句子必须要有文意作为管束，就像二头肌两端必须连接在肌腱上一样。为作出规定要求，选用祈使句。为句意简练易解，多用单句，少用复杂句；多用低重复句，少用多重复句；多用短句，少用长句。为强化文体色彩，就要选用与文体要求相应的句式。为切合语境表达，应推敲选用同义句，主、被动句，肯、否定句。同时，用句限制使用超长搭配句，谨慎使用外来句式，非鼓动性公文排斥感叹句、疑问句。

（三）句子安排要有助于感情表达

一些句子意义相同或相近，但是在风格色彩、修辞功能等方面存在略微区别。句式的选择，多数情况下指的就是在表达相同的意思时选用不同的句式。善于转换句式，可以有效地增强语言的表达效果。

要善于区分和利用长句和短句的不同。长句的修辞效果是表意严谨细致，可使文章呈现畅达的气势，常用于陈述、说明和论证。短句的修辞效果是表意简洁灵活，可以抒发强烈的感情，常用于提出要求、下达指令和布置工作等方面。

要善于区分和利用整句和散句的不同。整句形式整齐，声音和谐，意义鲜明，适用于表达丰富的感情，能给人以深刻的印象。散句所用的句式非常丰富，表达的内容没有整句集中，但散而不乱，灵活性较强，可以有效避免单调、呆板，能取得生动、感人的效果。

要善于区分和利用肯定句和否定句的不同。肯定工作中取得的成绩，做出指示、命令，以及对将来的工作表达积极的决心等可以用肯定句，否定句则用于警示、禁止某种行为，以及防范不愿发生、不能发生的事情和行为，表达不同的观点等。比较特殊的是，为了强化语气，表达形势紧迫，或者表达坚定的决心、顽强的意志等积极信息，可以采用双重否定来表达肯定的意思。

没有观点和思想的牵引，文字水平再高的人顶多也就能写好一个句子。但是在日常的应用文写作中，立意确定后，文章精彩与否，还要看句子的雕琢与安排。文章的风格、特点以及作者的素养，基本还是靠句子来展示。

“时代呼唤高质量发展”，这一句话可以完胜一段对高质量发展重要性的描述。文章语言是否生动、是否贴近受众、是否接地气，这些也都要靠在具体的语句上下功夫来实现。文章的金句产生的效果胜过连篇的说教，影响会超过文章本身的目标，甚至远超一个具体组织的范围，在行业或者社会上造成巨大的反响，比如《华为的冬天》中“泰坦尼克号也是在一篇欢呼声中沉没的”。一句能够点明本质、直抵受众心底的，可以产生难以估量的效益和效果。但是应用文写作中对句子的锤炼，一定不是要求好看，做成美文，而是最大程度发挥作用。

另外，文章中对经典语句的引用可以帮助更好地达到文章的目标，同时提升文章高度和格调，古文、俚语、领导讲话、电影台词、歌词，都能找到合适的引用方式和场景，实现预期的效果。

（四）要处理好金句和主题句

重要的文章要有意策划一些能够直击主题却又通俗易懂、朗朗上口的句子。应用文写作不要求语不惊人死不休，但也不能所有的语言都平淡无奇、波澜不惊，必须要有句子提神、醒脑，要形成有动员力、煽动力的口号。文章发出去后，要让大家记住、说出代表文章主要观点的句子。金句一般能够实现共识、共情、共理，却是人人想说却说不到家、说不到位的话。

同时，文章里要有新词新句出来，不能一直人云亦云，不能每次说的话都一样。重要的口号、观点要有一定的生命周期，但不是这个周期内每次都用同样的表述，一定要有不同角度的理解，不同领域的落实情况也不一样。同时，随着形势的变化，引领这一阶段的金句和引领下一阶段的金句应当有继承性，也应当有差异性。总之，代表组织内核心思想的句子一定要有继承、有发展。

表达同样的意思，可以用完全不同的句子，同样的一种语言、同样的字词和语言要素，表达同一个意思，有的人做到美不胜收，有的人做到意境丰满，有的人做到逻辑缜密，有的人做到气势雄浑，有的人活泼生动，也有的人面目可憎、平淡如水，原因在于知识储备不同、思想锐利程度不同、认识深度不同、看待的态度和角度不同，用在句子雕琢上的功夫也不同。

但是不可否认，每一个句子都代表着创新，都是基于字词这个语言要素的创新。作者把不同的字词组合在一起，要素就不再是要素，而是具备了系统的功能，表达了思想，营造了意境，勾勒了画面，形成了立体。基本的组合规则在我们学习语言时就已经掌握，在我们的生活中固化。在句子写作中，我们在语言规则的基础上对语言要素进行组合、拼接，要把已有的字词用出新意，要在平常的语言模式之上用最合适的句子表达一个意思。思维是基于语言的，句子就是思维最直接、最基础的成果。

十三、字词

“句既成，当琢磨其字法”，一字妙，句子就灿然有光，一字差，句子则黯然无色。古人作文、写诗词讲究炼字，即运用简练、生动、含蓄、优美的字词进行锤炼和搭配，从而使诗歌、文章的意境更加深远精妙，将情感刻画得更加入木三分。

在句子意思已定的情况下，字词的安排决定了句子的韵律，决定了句子的意境，决定了句子的色彩、决定了句子的感情。决定了句子是否耐琢磨、是否有回味、是否值得深思，决定了在客体中的共鸣强不强。字词用得好，可以直抵灵魂、直指人心，文章自然事半功倍。“落霞与孤鹜齐飞，秋水共长天一色”，这是王勃在《滕王阁序》中借鉴南北朝庾信《马射赋》中的“落花与芝盖同飞，杨柳共春旗一色”。同样的句式，同样都是在描写，不同的字词安排，给人的感觉完全不同。

对于应用文写作，由于“明确、简洁、通俗、规范、庄重”的语言风格要求，对于字词的选择更加严谨和慎重，往往有“一字入公文，九牛拔不出”的说法。1945 年 7 月 26 日，劝告日本投降的《波茨坦宣言》发布以后，当时日本内阁对此进行了认真的研究，并发了一个公告。公告中有这样一句话："政府将采取默杀《波茨坦宣言》的方针。"它的本义是："政府不即刻做出答复，将继续研究表态口径。"可是，当时的日本新闻界将"默杀"一词译为"不予理睬"。同盟国听到这个消息大为不满，认为日本不肯投降，因此加强了作战行动，没过多久，美国投了原子弹，苏联对日宣战。假如现在我们要问，既然"默杀"是个多义词，为什么当时日本政府非要用不可呢？如果换个更明确的说法，如"政府将继续研究表态口径。"不是更好吗？当然，也不排除故意用多义词蒙混过关，达到拖延的目的。此事已成历史，无法更改。但可以肯定，如果不用这个多义词，新闻界也不会译错。果真如此，也许历史会是另外一个样子。

（一）应用文写作中，字词使用的特点

应用文写作文无定法，但是应用文的特点决定了字词的使用有一定规律可循。

一是肯定性、祈使性的字词用得较多。尤其是一般公文、报告、讲话材料等大概率会涉及提要求的部分，一定会用到"必须、要、务必、一定、不能、应该、不应该、不允许"等。

二是动宾式短语用得频繁。这类词在各级标题以及各类要求中都经常使用。比如"统一思想、提高认识、加强领导、强化服务、增强素质、转变观念"等，通过一个简单的短语，把几方面必须有且不怎么相关的内容压缩至寥寥数语，受众能够明白，文章也省了篇幅。应用文能够做到文约意丰，常用短语结构就是一个原因。

三是介词引领句子较多。比如"为了、关于、除了、根据、遵照、对于、通过"等，这些词引领句子，可以直接将目标和措施、原因和结果、措施和成效等内容紧密连接在一起，可以实现一句话表达一个意思，几个这类句子表达一层意思。

四是具有官方、正式色彩的动词使用较多。比如“指出、强调、认为、要求、提倡、推动、形成、领会、理解”等，这些词在正常的语言环境下也会使用，但是一旦用于应用文之中，便具有了强烈的官方色彩，具备了一定的专属含义，经常接触官方文稿、参加组织会议活动的人能够自然明白其专属意义。

五是约定俗成的文言词使用较多。比如“之、其、为此、鉴于、业经、妥否”等，增加了官方色彩，同时也可以使表述更加简单。恰当选用文言词语，以使文章凝练、风格典雅，文言词语言简意赅，使用得当，有助于体现公文简明、庄重、典雅的风格。

（二）应当遵循的原则

应用文写作中，字词的使用和选择，应当遵循以下原则。

一是准确。就是明晰、确切，要真实反映客观情况。要准确把握近义词内涵，近义词既有相同的一面，又有相异的一面。必须精确把握其相异的内涵，才能准确地加以选择和使用，同时还要辨别同义词之间的程度和感情的轻重，词义范围的不同、应用对象的不同。“洋八股必须废止，空洞抽象的调头必须少唱，教条主义必须休息，而代之以新鲜活泼的，为中国老百姓所喜闻乐见的中国作风和中国气派，”这是毛泽东同志《反对党八股》中的一段话。“废止”“少唱”“休息”在这里是三个近义动词的换用。如果三句的表述中都用“必须废止”，不仅用词单一重复，而且也缺少了生动形象的表达效果。

要慎用多义词，多义词除基本义之外，还有引申义和比喻义，由于多义词有两个以上的意思，故在使用时应特别注意，必须把词的意思唯一限制。

要慎重对待同义词、近义词之间的细微差异。比如“致哀”和“志哀”，“国是”和“国事”，“迷茫”和“迷惘”，“处（chǔ）世”和“处

（chù）世”，“定金”和“订金”，“截至”和“截止”，“查看”和“察看”，“常年”和“长年”，“陈规”和“成规”，“年轻”和“年青”等，某些词用错了可能会导致笑话，有些则有完全不同的严肃解释。还有比较经常遇到的“做”和“作”的区分，都要结合细节来区别对待。

二是简练。简练，就是简要、精炼。话虽然少，但所阐述的内容却很周全，含义却很丰富。一方面文字量要力求少，篇幅要尽可能短。另一方面语言文字要精练，不累赘，不重复。用最少的文字，准确严密地表达最丰富的内容，做到篇无累段，段无累句，句无累字。即每段话、每句话、每个字都有它存在的价值。文字简明，不能单纯理解为篇幅越短越好，字写得越少越好，既“简”又“明”，简单明了，干脆利落。

宋代曾巩在其《南齐书目录序》中说：“号令之所布，法度之所设，其言至约，其体至备。”“至约”就是非常简约的意思。清代刘大櫆在其《论文偶记》中说：“文贵简，凡文笔老则简，意真则简，辞切则简，理当则简，味淡则简，气蕴则简，品贵则简，神远而含藏不尽则简，故简为文章尽境。”简练的同时一定要直指文章的主题，即达旨。

三是得体。得体，就是符合某一种语体或者文体的语言特点。就必须与一定的文种特性相适应，必须和行文关系相适应，必须和一定的语境相适应。说好不能言过其实，说坏也要客观中肯。要把握好“度”，使文章入耳更入心。尤其要避免的是一些字词无法融入文章的节奏、情景，带来刺眼、刺耳等结果。

四是效果。个别字词在点亮文意，直攻人心方面有特别的效果，比如企业与地方合作中，经常会有“×× 地方经济的发展”的句子，其中用支持、融入都可以，但是如果用“置身”可能更能拉近与对方的关系，也更能带来不一样的感受。同样是描述因由的词，“动因”就比单纯的“原因”更有韵味和境界。战略考量就比战略考虑更见境界和高度。“时代‘呼唤’高质量发展”中的呼唤效果就比较传神，既能写出高质量发展是时代所需，又能表达一定程度的紧迫感和使命感，在应用文中的效果就比一般的词语甚至几个句子的效果要好。“厚植人才培养的土壤”中的厚植，也有类似的效果。要想一字传神，需要我们提升基本的素养，还要我们在斟酌时不断地创新。

（三）应当注意的内容

字词的选择，应当注重以下几个方面。

恰当选用模糊词语，以使语义高度概括、定性表述明确，可以使文章简洁精练，避免拖泥带水，使文章言词更加严谨、周密、明确、真实、客观。应用文中，有些是只需要在程度上有所表述，精确反而影响效果。

恰当选用约定俗成的简缩词语，以使语言简约易记，但是要遵守约定俗成的规则，如有必要，要进行注释。专业领域约定俗称的简略语用在综合性的文章中，某个时间段简化的词语在其他时间段使用时，必须要进行注释。尤其是党政工团等条线，经常会有新的简化用语出现，研究、使用其提供的素材时一定要慎重。

恰当选用公文专用词语，以使公文简洁庄重，并标示文体特征，比如规范的书面用语、惯用的词语等。比如，在正式的公文中，第一人称用“本（我）”，第二人称用“你（贵）”，第三人称用“该”。在表达祈请等意思时，有“拟请、报请、特请”。恰当的专用字词的使用，可以使文章言简意明，庄重得体。

避免重复。就是避免一个字或词多次出现，比如一句话里经常连续出现几个“的”“了”，这种现象比较常见，也比较容易克服。但是有些字词明知重复，却非常难替换，有句话叫“富于万篇，贫于一字，一字非少，相避为难”。实在找不到合适的替换，或者重复是必要的，也就只能重复。但要把握一个原则，就是短距离内尽量不要重复，核心词汇语音相近的情况也尽量避免。

注意活用。字词的活用可以增加文章的生动性和趣味性，比如“下海、铁饭碗、制度笼子”。比如毛泽东同志《反对党八股》中“废止、少唱、休息”这三个词，本意都没有禁止使用的意思，但是不但形象地表达了该意思，还让整个文章更具亲和力，让人印象更深刻。

注意细节。应用文写作中，字词要经常推敲，把握内容中的细节，找到最合适的字词。具体的文章中，对能够表达上下级和组织间关系的字词要重点关注，对于涉及职务、单位名称变化等事项也要重点关注。比如：中国移动通信集团总公司党组原书记、工业和信息化部原总工程师、原铁道部部长等，同一个字位置不同，意思也大不相同。

不要滥用副词。适当用副词可以加重语气，实现突出和强调的作用。但是用得多了就突显不出重点，反而使文章显得累赘，读起来会有声嘶力竭的感觉。对于应用文而言，多少副词不重要，人们会不会认真按要求去做才是关键。

不要滥用指令词。不要没完没了的“要、必须”。

字词是应用文的基本建筑材料，在一定的语境下，最适合用在某个地方的词语只有一个，只有这个词语才能精确地表达出写作者的思想。要写出一篇脉络清晰、语句通畅的文章，前期的学习积累很重要，过程的精雕细琢也很重要。

应用文写作过程中，应当追求每一个字词的使用都要经过思考和琢磨。同时，要注重亮眼字词的提炼和推敲，争取每段、每句都有突出的字词作为点睛。

（四）怎么把字词安排好

“句之清英，字不妄也”，这是对字词安排的基本要求。要想文章出彩，除了主题句、金句之外，很多关键字的安排也能发挥很好的作用，给人以深刻的印象，促进客体更好地接受文章立意。

我们可以通过深刻思考客体的感情状态，结合文章目标找出一些字词刻画情感，实现共情、聚力的目标。也可以通过深刻思考文章使用时工作的现状，找出一些字词渲染想要的色彩，营造想要的氛围和意境。最重要的，要结合工作目标，找出一些字词，直抵受众心底，彻底实现对受众的动员、鼓舞。但是，这些字藏匿在浩瀚的字海之中，近在眼前的和远在天边的都必须通过作者的努力去追寻。但也有一些相对有效的方法。

一是字词的跨界使用。比如前面的“置身”“厚植”“呼唤”都是这种思路，刻意将适用在其他场合、意境的字词用于另外一个地方，实现意思的嫁接和重构，营造新的意境，给客体带来全新的、适合文章感情表达需求的感受。“偷来梨蕊三分白，借得梅花一缕魂”也是这个诀窍。

二是字词的错维使用，把张力更强、感情更浓、意境更远、格调更高的字词用在同类意思相对稍淡的语句中，可以带动整个语句，比如“写作也要有‘工匠’精神”，比如把工作比作“作战”。

三是通过字词实现比喻、指代的效果。比如“××工作唱好四重奏，一是××进行曲，二是××主旋律，三是××咏叹调”。

四是文字搭配组合实现“道人所未道”的结果。“文起八代之衰，道济天下之溺”中的“文起”和“道济”。比如“靶向施治”，靶向治疗是当前癌症治疗的重要手段，在应用文写作中，用“靶向施治”可以体现出精准解决问题，也给人联想到癌症的治疗，提升客体对问题的重视程度、对措施的认可程度。比如“开门稳”“形稳、质优、势好”，这些词都是由原来常用的词汇变化而来，或者由原先不常组合的元素组合而来，却能实现对具体事物的精准描述。

在应用文写作中，由于对语言简洁的要求，单纯的字词可以实现正常语法中句子的作用，这种特点给应用文中字词的斟酌提出了很高的要求。同时，也为字词发挥作用提供了巨大的空间。“为求一字稳，耐得半宵寒”“吟安一个字，捻断数茎须”是古人下的功夫，也是当前文字工作者需要具备的态度。

字词安排不可能超出作者本人的知识基础和认识基础，对于给定状态下的字词选择，如果作者在经过深思熟虑后找到了合适的字眼，就会进入一种相对愉悦的状态，尤其是在标题、立意、金句等重点部分的关键字眼，能够达到要作者自我满足的状态，这些字眼在作者的能力范围内，应该是最好的了。

（五）字词与文章的效果

文章立意确定之后，字词的选择决定着文章的格调，通俗易懂的用词，尤其是经常借用耳熟能详的字词，可以使文章看着接地气。如果有较多专业字词的使用以及具体行业内的字词的使用，也可以彰显文章的专业水平，提升对专业受众的说服力。较多有境界、有高度的字词使用可以使文章高举高打、气势雄壮。较多有韵味、有意境的字词使用可以使文章发人深省、引人深思。这些都是由文章立意引领下的字词的选择决定的。

但是字词的使用不恰当，也会带来灾难性的后果。比如一个字频繁出现，一个韵、一个声调连续出现，或者大段文字的韵和调基本没有变化，整个文章读起来就有类似“白噪声”的效果，只会催生睡意，文章的效果也就无从谈起了。

字词选用，不仅是语言逻辑上的研究，还掺杂着感情因素，混合着人体对相应字词产生的感觉，是一个复杂的过程，感觉上要达到让人感到最舒服、情感上要实现最强烈的共振。才能算达到了最好的效果。

（六）斟酌字词时应该怎么思考

应用文写作中，对于字词的使用要向两个维度拓展。一方面要考虑精准，精准不光要正确用词，还要准确用词，把意思精准表达出来，不会出现多种理解，也不会出现误解，还要触及问题的本质，以简单的字词把最核心最根本的内容点出来，这是精准层面的要求。另一方面用字选词要通神，要点出具体的、共性的感情和感觉，这需要灵感，也需要艰苦的推敲，其实更需要把自己想象在客体所处的环境之下，做一次感情或者感受试验，设身处地地感受之后，才会有直指灵魂的字词组合。

应用文写作过程中，现有字词的新用是持续在发生的。新的词语也是在不断出现，随着组织发展的需要，总需要新的语言来描述新的事物，更精准、更有力或者更形象地表达更复杂的感情、更新的发展形势和发展要求，总需要在字词方面进行创新。拿出最合适的词语，才能体现作者对事物本质有了最深刻、最卓越的理解，才能达到作者想要达到的最好的效果。

十四、事理

很多现象、景物古今中外的人已经观止，很多观点、道理古今中外的人已经言尽，很多意境、情感古今中外的人已经详述，这些经典语句和经典案例已经成为人们的共识，是人类的文化成果。我们写作，就要以此为基础，用前人的经典成果支撑我们的立意，实现我们的目标。

（一）引用的作用和效果

有了这些经典，我们可以以经典观点陈述为基础提出我们的观点，可以以经典现象描述为参照描述我们的工作，可以以经典意境营造为蓝本表达我们的感情。占据经典、依据经典、活用经典，把经典带来的高远意象和我们具体表达的内容有机结合，可以让文章写作言简意赅、事半功倍，也可以让文章叙事说理更加形象生动，达到更好的文章效果。意翻空而易奇，言征实而难巧，根据思考的规律，外部语言难以完美描述内部语言的思考结果，那么多引用别人观止、言尽、详述的成果，以协助表达作者思考的成果，也就成为一种方便的写作模式。

为了实现文章目标，要在不同层面支撑文章立意，我们必须在斟酌字句、谋划段落的同时，还要引用经典语句、列举典型事例，通过参照对比、逻辑支撑等方式，进一步说明道理，论证和支撑起作者的观点，帮助文章更好地展开。

一般而言，引用的案例和道理主要有以下几个方面的作用。

首先是支撑文章立意，通过对上级文件、权威人士言论的引用，可以直接指向文章立意，为文章立意提供权威的依据。同时，通过引用基本的规律、理论，也可以实现类似的效果。利用有说服力的案例、与当前问题、形势有共同基础的案例可以为当前工作提供一定的借鉴，进而支撑文章立意。通过适当的案例及理论引用，可以拔高整个文章的高度。

其次提升文章说服力，引用有共识的、有群众基础的案例、理论，可以凝聚客体的思维，引起大家的共鸣，让客体更容易接受文章的观点，增强文章的效果。通过适当地引用大家熟知、贴近生活场景又和工作内容有相似之处的经典，可以使文章更接地气，更生动易懂。

第三是丰富文章内容，增强文章的可读性。生动的案例比烦冗的说理、说教更易让人接受。直白的理论、规律更能有力地指向事物的本质，通过恰当的引用，可以让文章整体言简意赅，论述观点本身也能事半功倍，读起来也通俗易懂。

（二）引用的具体要求

在文章写作中，要重点注意以下几个方面的要求。

一是要注意与立意的协调、匹配。事理的引用在文章中只发挥辅助作用，即使有时能够起到画龙点睛的效果，但前提和核心还是要求文章有好的立意。拥有卓越的观点，辅之以经典的事理引用，使作者的才思更加彰显。没有出类拔萃的思想和认识，只是堆砌精彩的案例和典故，文章根本无法到达预期的效果。有些文章全篇都是经典理论，却无法用这些理论跟单位的实际扯上多大的关系，这种引用不会有任何实践价值，只是堆满了正确的废话。

二是要注意事理选用的精准贴切。可以用来支撑观点的案例、理论、规律可能很多，一篇文章可能有多处需要事理支撑，这就需要引用内容与文章立意以及上下文要精准匹配。另外，事理引用要注重精简，必须在文章中体现最核心、最精要的内容，在论证中发挥四两拨千斤的作用，在号召时体现高屋建瓴的势头。

三是要注意引用内容与文章的浑然一体。引用内容要能够融入文章语境、语势，要恰到好处，能够发挥对应的作用，但又不刻意突兀，语势不停滞，读写都自然顺畅，成为一个有机的整体。引用经典，必须要在感情、意境、逻辑、画面等方面有类似之处，在客体脑海中激发一定的感情、意境、逻辑、画面，才能调动客体的情绪和感情，实现吸引人、凝聚人、说服人的目标。经典的引用，应当在最需突出和彰显之处，应当实现最佳的效果、发挥最恰当的作用，因此引用在精不在多，在神似而不在形似，重在用经典语句表达一定的味道。

四是不要为了引用而引用。引用虽然有其作用，但是，我们还是要注意，人们普遍讨厌文章中的大道理，原因不在于理论或者经典本身，而在于以什么形式出现在我们的笔下，严防空洞说教、空话套话，理论都可以走进人们的心间。引用经典，讲述道理，一定和具体的实践结合起来，学会用深入浅出、生动活泼的语言讲道理、谈认识，把经典论述和教科书上的话用自己的语言来说，而不能生吞活剥、装腔作势。

大家都喜欢发自肺腑的语言交流，而不是一方对另一方的说教，没人喜欢文章中掉书袋般的旁征博引，所有的事理引用都应当服务于实践需求。

（三）事理的积累和应用

对于作者而言，已有的经典是写作的重要库藏，要充分利用，宝贵的材料也会因为不停地引用而更富有价值。同时，身边的经典案例更贴近工作和生活，对客体有更加强大的说服力，因此需要作者细心留意身边的正反案例，留意身边的人、事、物，留意生活中看到的、听到的各种事例、故事、名人名言名句和哲理性语句，做到广泛涉猎、借鉴运用。

遇到能让自己肃立的语句一定要记下来，因为它也可以让别人肃立。遇到能让自己感慨的、思考的语句也要记下来，他也可以在文章中让人感慨和思考，只是在合适的时候把它用上即可。

经典语句及理论的背后是思考的结果，我们基于经典的思考结果去思考，应当比从空白的基础上思考要更有成效。每一句让人心动的警句、格言，抑或颇富哲理的话，都会经历一个由感性到理性的思考过程。这个过程也是写作中必然经历的过程，因此，我们平常一定要经常收集、记录、诵读一些经典话语，通过诵读引发我们思考，对于创作而言，无论是艺文，还是应用文，每一次思考都不会浪费，思考成果都会成为作者独一无二的思想产品，都会不止一次在创作中找到合适的位置。具体的应用方式可能为直接引用思考结果，也可能为结合文章主题转化后应用于文中。平常的思考与积累，尤其是分析、研究、消化经典后产生的观点，通过聚焦、沉淀、联系和融合，往往对文章创新有着非常重要的意义。

应用文写作是要产生有利于组织的思想、观点、方案、手段，需要以适当的形式、逻辑来展示我们思考的成果，需要以适当的语言来说服客体接受我们的思考成果。在文章中利用约定俗成、广为接受的经典语句和案例，既是在前人思考的优秀成果的基础上进一步思考，也是利用前人的最佳表述方式来统一思想、说服受众，因此，在应用文写作学习和提升中，我们既要关注经典事例、事理的学习和收集，也要重点培养这些经典的应用能力。

（四）引用案例

一言入魂。在美国受到“9·11”恐怖袭击后，布什总统发表了一次讲话，他在讲话中说：“今晚，我请求你们与我一道为在事件中受到伤害的人祈祷、为那些受伤的儿童祈祷、为那些安全感被打破的人祈祷。我祈祷他们能得到神的安抚，正如世代流传的《圣经》所书：‘尽管我行走在死亡的阴影之谷中，但我并不惧怕邪恶，因你与我同在。’”这里，布什引用《圣经》里的经典语句，这在以《圣经》为共同文化背景的美国是能够得到极广泛的认同。在当时的形势和环境之下，这句话在美国民众中产生了巨大的共鸣。

一言入题。“农，天下之本，务莫大焉”“务农重本，国之大纲。”历史和现实都告诉我们，农为邦本，本固邦宁。我们要坚持用大历史观来看待农业、农村、农民问题，只有深刻理解了“三农”问题，才能更好地理解我们这个党、这个国家、这个民族。必须看到，全面建设社会主义现代化国家，实现中华民族伟大复兴，最艰巨最繁重的任务依然在农村，最广泛最深厚的基础仍然在农村。

资本如水，导之入田，则可灌溉万顷良田；使之淹城，则人或为鱼鳖。一句话就把资本的作用说得清清楚楚，后续就可以进入主题并展开。

十五、总结

总结是对一个阶段的学习、思考、工作等情况进行全面系统的回顾和分析，作出有指导意义的结论，是一项在实践基础上把感性认识上升到理性认识的工作。

（一）总结的作用

如果说应用文是组织养生尽年的必须，可以说，写好总结就可以为组织的发展提供足够的营养。不同层次、不同频率的总结，可以让组织不断优化思想、战略、行为，不断提升各个层级的效率和质量。

工作总结虽然不是党政机关公文处理工作条例所列的法定公文种类，但是却被各类组织、部门和工作人员广泛、高频地接触、使用。可以算得上是最常见的应用文写作体裁。广泛存在背后一定有其必然性，因为它是组织和个人总结经验、分析问题、克服困难、不断向前的关键手段，也是将工作过程经验书面化，进行系统反思的过程，书面的总结在不同层面参阅，供组织内学习借鉴、举一反三，发挥着“前事不忘，后事之师”的作用。同时，一个组织经过长期总结和沉淀，可以形成富有组织特色的精神和文化，进而塑造人的行为，长期为组织提供推动力和凝聚力。也可以将经验转化成知识，在更广的范围内产生影响、发挥作用。

对于具体的工作总结，主要有几个方面的作用。

一是展示成就，鼓舞士气。总结中可以展示重要思路、举措和成果，可以展示亮眼的统计数据，向客体展示大好的发展形势，以便增强信心、鼓舞士气。

二是拷问作风，直指灵魂。可以梳理反思思想上、作风上、制度上、行动上的问题，以增强危机感、责任感、使命感，达到知耻后进的目标。

三是反思工作，寻找规律。科学系统地总结工作中的成败得失，找准问题、分析原因，讲清楚现象背后的规律，找准问题的本质，为后续改善和提升打下基础。

四是评估现状，正视现实。可以协助我们正确认识当前的状态、所处的阶段、存在的差距，回答“是什么”的问题，成为文章立意的基础。

（二）总结的写作特点

对于从事应用文写作的工作人员而言，写总结是写作工作的初步，可以通过不同的总结提升自己对组织各项工作的认识，提升自己的思考能力，优化思考方式和方法，进一步提升写作能力。总之，总结是最好写的，也是最难写好的。

不同应用文章总结部分要求不同、篇幅不同，写作方法和重点也不同，但是都要服务文章立意，表达文气。同时，总结必须坚持实事求是、坚持理性分析、坚持知行合一。要讲成绩也要讲缺点和不足；要阐述事实，也要透过现象看到本质和规律；要说做了什么，也要说怎么想的、怎么做的，更要说对当前工作的认识和把握。

根据文章不同，总结可以最简单，平铺直叙描述即可，也可以最复杂，需要由实到虚，由形而下到形而上。一些文章为总结叙述留下的篇幅较小，只能以一句话点名目标、说明方法，比如通知等的开始段，以及以附件为主体的文件的文头，这类总结要做到凝片言而聚文旨。一些报告等需要较长的篇幅进行全面的总结和回顾，这类总结要做到调结构以顺文气。

对于总结，总体的判断是：低水平的靠堆砌，中水平的看文字，高水平的看思想、看认识。在具体的写作上要做到从大处着眼来确立内容，根据具体的内容确定细节。一般而言，工作总结分专项总结和综合总结，专项工作总结是就某一项工作或者某一条线工作进行的总结，一般按照工作的过程来写；综合性工作总结指一个组织数项工作同时总结、全面总结，因此要对各项工作进行分开总结，工作情况描述完成后再就整个组织的整体情况谈体会、找问题。

（三）总结的写作要求

对于应用文写作而言，既要面对纯粹总结性的文章，也要面对一篇文章的总结部分。不同的总结模式和写法，都要遵循以下的基本要求。

一是整体脉络清晰、重点突出。既要简单交代完整的背景或者过程，又要对需要重点描述的内容进行充分描述。

比如习近平总书记“七一”讲话中关于百年过程的总结，就点到了民族历史、民族劫难、救国实践和党诞生的历史背景。再以民族复兴为标题，相对详细地总结了党史的几个阶段。

再比如一般单位工作会报告总结部分，都有一段对工作的整体概括，点出前期工作重点和主要思路。再分章节进行逐项总结。

二是细节注意方法、掌握套路。总结某个点上的工作，一般套路是“按照什么思路原则、开展了 ×× 工作，取得了 ×× 效果”。多个事项并列要提炼共性或者上升一个层级进行总结。要尽量做到由点到面，点面结合，面的概括和点的案例相互辉映。

三是风格注意角度、高度、颗粒度。不同层级、身份的总结，角度、高度和颗粒度要求都明显不同。层级越高、身份越高角度越广、高度越高，颗粒度越大。同样一项工作总结，单位一把手的角度一定要站在全局上，副职则只能站在分管领域的角度，部门和条线只能站在自己条线的角度来进行总结、评价。

四是要注意虚实结合。总结成绩的时候要适当拔高，跳出当前的视野，站在更高的层面认识成绩，也要站在大势需要的角度分析问题、查找差距。要客观阐述事实，也要把握本质、评估现状，要从实在的案例中总结出精神、作风、方法论等形而上的内容，也要充分顾及受众普遍存在的感受，可以适当高于受众的感受，但是不能脱离受众对现状的基本感受。

五是点面结合。一般详细的工作总结，既要有概括的统计、评价，描述整体的形势和趋势，彰显整体的面貌，又要提炼典型的事实材料，描述最具代表性的案例和细节，印证并强化对整体的印象。

六是发现规律、上升理论。要通过综合分析，提炼出工作中规律性、经验性的内容，进一步指导后续的工作实践。要注意把经验上升到理论层次，最基本的也要从理论的高度看待经验。这样才能够从局部的、非普适的事件中找到全局的、可推广的规律和方法，才能将前期实践的成效最大化。

七是写出新意。对于工作中的新情况、新趋势，要能通过总结进行准确识别，同时，也要结合发展实际、结合组织的目标提出有针对性的意见和建议。同时，对于同一类事情不同时期的总结，也需要根据环境特点变换角度，争取写出新意。

对于一篇正式的报告而言，最难定稿的往往是总结部分，尤其是代表组织的综合性报告，比如企业的工作会报告，每个部门、条线都倾向于把自己表现得更加突出，描绘得更加出众。一些述职、考核材料，更是在总结上下足了功夫。但是，作为文章的起草者，作为代表组织进行思考的人，一定要保持清醒的认识，总结是组织“从战争中学习战争”的方法，从实践中指导实践的手段，我们可以不吝溢美之词，让与者欢心，让客体振奋，但是我们一定要提醒自己，不要忘记从总结中寻找后续发展的钥匙，找出实践的规律，定位影响发展的问题。

对于一篇简短的文章，总结可能只有只言片语，但是最考验功夫，必须把握一个完整实践阶段整个组织或者条线的工作重点、工作的本质，才能一击中的，然后把文章展开。

（四）总结的案例

毛泽东在井冈山初期，就面临着如何开展武装斗争、巩固和发展根据地的问题。没有上过军校，也没有带兵打仗经验的毛泽东，采取了总结经验的办法：“从战争中学习战争。”扼守茶陵失败后，毛泽东深刻总结失利教训，得出：“以弱小的兵力打守城的消耗战是不明智的，是得不偿失的。”后续，他又通过井冈山“山大王”朱聋子“不要会打仗，只要会打圈”，即与敌人满山兜圈子的斗争经验，琢磨出打仗的新思路，提出避实击虚的作战理念。再经过一段时间的不断总结，形成了“敌进我退、敌驻我扰、敌疲我打、敌退我追”的游击战十六字诀。通过不断地总结学习，毛泽东的军事指挥艺术日渐精湛，甚至炉火纯青，创造了一系列的军事奇迹，毛泽东本人也经常说：“我是靠总结经验吃饭的。”

十六、辨势

“察势者明，趋势者智，驭势者独步天下。”科学准确地分析形势、判断形势、把握形势，无论对于国家、地区、企业或者个人都是做好工作的前提。形势分析就是运用相应的分析方法，对自身当前的发展情况进行深刻剖析、对未来可能发生的情况进行科学研判，充分把握形势发展变化规律，从而明晰自身面临的机遇挑战、优势劣势、长处短处，进而制定应对举措，抢抓机遇、顺势而为、趋利避害。

（一）形势分析在文章中的作用

形势分析，对应用文写作而言是比较难写的一部分，也是最显写作功力的一部分。写好形势分析部分，要求写作者具有较强的全局思维、辩证思维能力，全面掌握国际国内情况、国家政策法规、行业情况、本单位情况等。

形势分析任务是应用文写作中经常要面临的工作，对组织而言，要充分分析当前发展所面临的环境，结合环境形势需要谋划后续的工作，进而为制定目标、确定举措提供基础。对应用文写作而言，形势任务分析和问题分析共同为文章解决了“为什么”的问题，因此从整篇的逻辑上讲，形势任务分析是“怎么办”的基础。

形势分析不是每一种应用文都必须单独具备的内容，但是，基本上都有对应的内容承担对应的功能，或者每一篇应用文都对应着独有的背景或者形势任务。对于具体组织内一些重大的、正式的报告而言，这部分往往成为重点阐述的内容，为后续目标和措施展开做好铺垫和支撑。

形势任务分析一般有多种表现形式，可以是当前存在的困难和挑战，也可以是面临的形势及我们的使命等，不同的形式对应的角度不同，也取决于目标和措施的需要。

形势任务分析一般兼顾内外部的形势和环境。外部环境描述侧重于表现需要组织迫切开展的工作，内部环境描述侧重于组织基于自己的发展需要迫切开展的工作。内外部环境描述的事项，都必须和组织内的关键事项密切相关。但是，由于是文章报告，描述本身不能过于直接地聚焦于事项和具体工作，一般通过组织的使命、价值观、社会责任等形而上的内容体现，一则提高文章站位和单位层次，二则避免与后续的目标和举措重复，三则为后续工作做好铺垫。

（二）写作要求

形势任务分析要发挥既定的作用，一般要满足以下几个方面的要求。

一是要实现既定功能。形势任务分析主要发挥从总结到目标和措施的过渡作用，这是该内容在展示文章立意中扮演的角色，也是其首要的任务。基于这项功能，该部分写作必须把内外部的内容与具体目标和措施建立起必然的联系，形成直接或者间接的指向，点出必然要走的路、必然要瞄准的方向，形成后续工作措施的逻辑基础。

二是要注意站位高度。这部分写作一定立足于大的格局和长远的考量。形势任务分析就是要展示作者与环境发生关系后思考的成果。分析的内容决定文章在客体中产生的影响，立于大局分析，可以展示组织在大趋势下的作用，体现组织的价值，增强组织向心力，也增加对组织的凝聚力。立足长远分析，则足以展示长远发展的需求，赋予历史责任色彩，可以让客体增强使命感，为进一步动员做好铺垫。

三是要兼顾展露隐藏。形势任务分析必须与组织内的事有直接关联，这是展露，但是不能直接指向组织内的具体工作，而是在后面具体的工作内容中进行展示，这是为后续工作进行隐藏。形势任务分析写的好坏，重要的标准就是该展露的内容展露得当，该隐藏的内容隐藏的恰到好处。受众读过文章之后，能够感觉到形势所迫、舍我其谁，又能感觉到意犹未尽、需再探究。

四是要注意张弛有度。外部形势需求与单位能力实际必然存在差距，有时必须要暴露组织内部的矛盾和问题，形势任务分析要能够恰当处理组织问题与外部需求的差距，不能丧失信心，也不能影响组织形象。形势和环境带来的张力，不能直接作用于组织现实，要通过适当的转化、缓和，并与组织现实建立联系。张力强化迫切性，缓和提升信心。

（三）形势分析写作的注意事项

正式的报告中一般都涉及形势任务分析部分，从应用文前后照应、浑然一体的角度分析，形势任务分析得出的结论必然是后续工作方案或者要求部分重点要针对的。现实写作中，组织内往往已经有了比较详细的、明确的后续工作谋划，但是形势任务分析工作只是经历了一个不明确的过程，或者过程散落在不同条线和部门工作人员的意识之中，作者具体写作时往往没有对应的资料供写作参考，这就需要作者在形势任务分析和后续工作谋划之间进行多轮的迭代。形势分析和后续举措之间必然要达成一致，文章整体才能和谐圆润。形势任务分析不能支撑后续工作举措，要么是在工作举措在逻辑上并不充分适合组织的后续发展需要，要么形势任务分析没有触及组织内外部环境的重点和本质特征。

形势任务分析考验着作者本人对整个组织情况的驾驭能力，也考验着作者对外部环境的认识广度和深度。组织存在必然有其使命和价值，必然发挥着相应的作用，这些都在外部环境中体现，也就是说外部的输入以及组织的输出就是组织创造价值的过程，组织的行为必然要符合外部的需要，针对环境的需要谋划自己的产出，针对自己的产出目标谋划自身的行为。作者代表组织进行形势任务分析，必然要把控外部环境变化。同时，作者代表组织谋划后续发展，必然要把控组织内部情况，唯有如此，形势才能过渡到战略，战略才有可能落地。因此，在具体写作中，作者应当重点把握以下几个方面。

一是纵向与横向相结合。纵向与横向相结合，就是将自身置于更加全面立体的时空之中考量对比，找出差距和不足，从而明确自身的发展实力、发展状况。纵向就是上下对比，如国家与国际比，地区与国家比，企业与行业先进水平比；横向就是左右对比，如国家与国家比，地区与地区比，企业与企业比。

二是机遇与挑战相结合。将自身发展面临的形势区分归类，明确哪些是对自身有利的、积极的，哪些是对自身不利的、消极的，用辩证的观点兼顾正反两个方面。要从推动自身工作有利的角度，突出与自身关系密切的部分，抓住关键、突出重点来分析和研究，得出鲜明的结论，以统一大家的思想、振奋大家的精神、坚定大家的信心；也要对照更高的水平、更高的目标，查找分析还存在哪些薄弱环节，还面临哪些困难挑战，以增强大家的使命感、责任感、紧迫感，激励大家持续艰苦奋斗，共同为组织的发展而努力。

三是宏观与微观相结合。一般来说，宏观分析，是指从大的方面、整体方面去研究把握形势的发展变化。与之对应的是，把从小的方面、局部方面分析把握称之为微观分析。宏观是从组织面临的宏观环境来分析对组织的影响，微观是从组织内部的特点、矛盾和问题分析对组织的影响。

四是定性与定量相结合。定性分析是一种逻辑判断，就是从理论、经验、规律等角度对形势进行分析，得出趋势性结论。定量分析是一种事实判断，是通过大量可量化的数据、事实，着重从量的角度分析某一组织的发展变化，得出趋势性结论。定性分析是定量分析的基本前提，定量分析是定性分析的进一步深化。相比而言，定量分析方法更加科学，但需要有广泛的数据作支撑；定性分析方法较为粗糙，在数据资料不够充分或分析者数学基础较为薄弱时运用的比较多。为使形势分析更加准确、全面、客观，定性与定量分析相结合一直是写作的追求。

五是目标与现状相结合。任何一个组织为了长期可持续发展，都需要制定切实可行的战略目标和战略规划。因此，在形势分析过程中，常常可以对照既定的、清晰的战略目标，结合发展现状自觉查找差距与不足、明确弱项和短板，通过形势的分析、思想的统一，让人觉得下一步工作部署和安排确实必要、确实紧迫、确实重要，不能不做、不可不做、不得不做。

十七、实策

实策，是指应用文中可供实际操作的工作内容，也就是重点工作措施。一篇文章中，我们总结了经验、提出了问题、分析了形势，自然也就明确了发展的方向和目标。面对各类目标，组织需要具体提出途径和方法去实现目标，面对发展问题，组织也需要策划一下如何通过后续工作去解决问题。总之，需要动员组织力量按照组织规划路径去开展的工作，需要组织内共同开展的某些具体动作，即工作措施。

（一）措施的作用

工作措施是应用文中经常涉及的内容，规划中，规划目标要有对应的支撑手段和做法。各级组织的工作报告中，针对全年的发展需求和存在的问题，明确具体的工作，解决对应问题，适应发展需求。专项工作报告中，也会就该专项需要，明确一系列的工作举措。一些检查、反思材料中，更是将措施的针对性、有效性、可实施性作为认识是否深刻的重要判断条件。调研报告一般要形成一些工作建议。汇报材料中要形成具体的后续工作举措。

应用文写作中，措施部分是最符合“应用”这个定位的部分。一般以凝练的语言把要开展的内容描述出来即可，部分内容要结合需求明确措施达到了效果。

一般而言，措施要具备很强的可实施性，用语要指向明确，便于理解。做什么、怎么做要一目了然，看完措施即可明白预期结果。一定工作周期后，可以对照措施内容检查闭环落实情况。

同时，工作措施也是应用文使用后被重点监督执行的内容，一般会通过计划进行细化分解，进一步明确具体工作、目标和责任人，形成具体的支撑体系，这也要求措施内容要有一定的颗粒度，一篇文章的措施之间颗粒度应该基本一致，一般是一项重点工作、一个重点方向明确一项措施。

从文章的整体性考虑，措施与形势分析的结果存在很强的相关性，最好能够一一对应，这样，组织开展的具体工作才能确保组织适应发展环境。

工作措施与存在的问题要有很强的对应关系，没有解决问题的有效措施，文章的说服力存在瑕疵，工作的谋划和思考存在不足，文章的目标也无法真正实现。工作措施还要能够支撑起工作目标，没有具体措施支撑的文章目标是没有凝聚力的，也无法动员任何力量去推动实施。

部分措施写作中需要体现新的工作思路、做法，彰显并支撑文章立意，把组织最新意图通过具体的举措落到实处。

措施是应用文发挥作用的最直接的表现。按照措施的内容，组织可以开展相应的行动，解决对应的问题，实现对应的目标。文章有了措施才有了具体发挥作用的空间。部分文章没有专门的措施章节，但是一定有具体的工作指向，这也是措施的一种形式。

（二）措施的写作要求

措施的颗粒度影响着文章的质量。重点的事可以突出，但是要归集到对应层级的事项之下。一篇文章中不同措施颗粒度应当尽量一致，尽量说同一个层面的话。

措施要可分解、可落实。部分中央文件中每件事后面都备注责任部门，主要就是明确责任。一般的应用文写作中，涉及的工作举措都应该有明确的责任指向。

措施要有行为、有目标。每一项措施都要说清楚干什么，实现什么目标，起到什么作用，要有明确的指向和具体的结果。让受众知道该干什么、怎么干以及干到什么程度才能符合组织预期。

措施要有依据，要以问题导向和目标导向为支撑，或者有形势任务要求、上级决策部署为依据。措施内容要与上级内容有所差异，一定要体现出组织的特色和特点，避免上下一般粗。要坚决避免照搬照抄上级的措施内容。

措施内容要兼顾前后左右，要研究分析与组织内其他文件内容是否相匹配，与组织的文化理念和历史传承是否相一致，尤其要避免政出多门带来的冲突，也要避免一个组织内同一项内容短期内做法的明显不同或者相左。更要避免与上级文件要求的不一致。

措施内容要体现出足够的严谨性、科学性，说的要能做到，做不到的要慎重说、有技巧地说。

十八、祈请

提要求与写措施有很大不同，措施直接说做某事，达到什么目标，通过哪些具体的工作手段、途径、方式方法。

要求说的是怎么做某事，用什么样的状态去做事，包括但不限于怎么配置资源、用什么方法论，或者按照什么指示精神开展工作。

要求有纯虚的、纯粹具体工作之上的，停留在理念层面、方法论层面、作风层面，主要用来统一思想，展示顶层对一些问题的思考。有的与具体工作结合提出要求，主要是对具体工作如何开展提出建议性的做法。讲话稿中明确工作要求一般是结合会议主题和企业需要明确该做什么、该怎么做、该注意哪些，既是要求，也是提醒。

提要求既有一贯的、不轻易变的内容，也有动态的内容。一般是结合文章面临的环境约束和题目约束，顺着文章主题说、顺着上级指示要求说，这些一段时间内都不会变。但是举的案例、新的趋势和方向、同类事情从不同角度的描述，这些都会变。尤其是讲话稿中，同样的理念、同样的共性要求在具体的领域和条线方面表现出的肯定不一样。比如改革，组织层面说是一回事，组织所属的各领域说是另外一回事。

领域怎么说，改革就要结合整体的改革要求重新认真去琢磨。比如说市场，也面临同样的问题。

要求代表组织的意志，在一些专项工作部署的方案材料中，要求代表这个领域或者条线对该项工作思路和想法，代表这个条线和领域工作开展需要坚持的原则、遵循的理论和规律。也一定包含着这个领域或者条线特有的语言要素，包含客体间共性的知识和要求。

在一些代表整个组织的综合性报告或者材料中，要求除了包含组织整体的工作思路、发展思想和原则外，往往还具有非常强烈的领导个人色彩。文章的要求部分就是充分体现组织主要领导的治理理念和工作风格的重要载体，领导的个性化内容可以在这里充分展示。同时，综合性的文章中，工作要求在突出重点的同时也更具有体系性，一般用单独的章节进行展开，需要我们重点关注。

最经常提要求，而且以提要求作为文章主要内容的就是各类讲话材料。这类讲话要求与会议主题关系紧密，与阶段性的任务关系密切，还与讲话人的具体特点关系密切，需要针对会议内容分析当前阶段矛盾特点，同时结合上级要求、本单位实际、业务所需遵循的规律等提出工作要求。这些要求既要有切合任务和时间特点的新观点，也要对共性的基础的规律和原则进行进一步的强调，还需要结合讲话人的专业知识、工作理念、岗位要求等角度提出要求。

提要求要注重话术的设计，表面看是通过设计有吸引力、整齐对仗的标题，方便大家记忆。本质却是对事物矛盾本质深刻把握后，通过生动的语言将观点表达出来，考验着作者的知识基础和语言应用能力，是现有要素消化、吸收、融合后的提升和创新。

提要求注重要素的重构。不论什么工作，不可能所有的要求都是全新的，但是作为职业写作需要，我们还是尽量要求自己把老的内容写出新意。这就要对上级的或者外部的、业务特色的、当前特点的、个人风格的内容进行重构和组合。实现上级的本地化、业务的时代化、个人的组织化等，体现职业写作的操守，也道尽组织工作开展的必须。

提要求要避免人云亦云。不管是会议讲话还是正式报告，抑或文件通知，都要避免信息观点的重复展示。引用众所周知的内容，也一定要加入针对业务的注解。对于需要持续坚持的原则、规律或者个性化的理念，也必然要有更深层或者更具体的理解和认识。尤其对于讲话材料起草，领导按什么顺序讲话，前面有哪些人讲过话，都要认真考虑，提前预测，尽最大可能避免重复。此时作者就要发挥“三番来者”的功力，前面人可能讲什么，能讲到什么样的深度，怎么讲更适合自己服务领导的角色和风格，这些内容一定要多番考虑，最容易的、最先想到的往往是流于形式和套路的，必须要对各项要素挖得更深，找到最基础的原因，必须要向更高处整合资源，找到最顶层的，能够覆盖各方的方法，此时的文章才能不落于俗套。

提要求的语言要鲜活生动。很多词语、句子大家用得多了，受众难免会觉得起腻，觉得索然，甚至会心生叛逆。如果一篇文章中类似语言较多，文章的效果必然会打折扣。用语中，“统一思想”完全可以换成“凝聚共识”，“团结起来”完全可以换成“群策群力”，“不懈努力”完全可以换成“笃行不怠”。应用文完全可以通过立新意、用新词、讲新话来转变组织的语言风格和行动风格。作为文章的作者，必须要关注时代的变化、关注新的语言，更新语言库藏，同时也要深挖传统语言库藏，把老词、旧词新用，也能起到不错的效果。

总之，提要求，就是要客体尽可能快、尽可能深、尽可能全地领会组织的思想和理念。需要作者通过形象化、艺术化等各种手段，全面增加文章的效果。

十九、文风

文风到底是什么，历史上各家都有自己的见解，也都有自己的道理。刘勰的《文心雕龙·风骨》第一句就指明，“诗总六义，风冠其首，斯乃化感之本源，志气之符契也。”把文风作为感化的根本力量，作为志气的具体体现。

（一）文风背后的意义

文章在展示内容时采用的形式、突出的技巧、文辞的使用所展示的风格称为文风。历史上，不同时代文风各有变化，文章力量各有强弱，根本原因在于内容与形式是否相互促进，发挥作用。孔子的“质胜文则野，文胜质则史，文质彬彬，然后君子”，说的就是这个意思。两晋南北朝门阀士族缺乏文治武功又想维持安逸奢华，只能以文显尊，于是以对仗辞藻、声韵用典来展示自己的素养，结果是道丧文弊。韩愈“文起八代之衰，道济天下之溺”，以复古、明道，阐明政治主张，推动思想解放和进步。明清以八股为形式，以四书五经为内容，以功名为目标，限制了天下文章。新文化运动推倒古典、山林、贵族文学，建立国民、写实、社会文学，实现了思想内容和形式的巨大变革。“文变染乎世情，兴废系乎时序”的论断一直存续，文风一直可以视为政治兴衰的晴雨表。背后的道理是：文章所想达到的目标决定了文章的形式，文章作者或者使用者所处的经济关系决定了写文章所要达到的目标。

从文章的角度而言，文风是文章作用于人时展示的一种气息，这种气息影响着文章的感化力，影响着文章的作用效果。

从作者的角度而言，文风应当是作者本性和气质的表露，是作者风格和文章风格的“表里必符”。

从读者的角度而言，文风是人对文章风格的一种感受，所谓的某种文风，也就是读者感受基础上的评价和分类。

语言本身就是一种政治，不仅是政治工具，还是政治本身，我们依靠语言建立秩序，借助语言定义世界与自我，根据语言展开我们最重要的行动。从政治和社会的角度而言，文风指通过写文章建立秩序时的工作风气和文章风气，风气背后隐藏着深刻的社会动因。其实是主流写作者的思想、主流文章的内容与大众的主流关注关联是否紧密的问题，为文者所感、所发与读者所期、所盼没有关系，直接映射了政治上的上层建筑与经济基础的脱离。因此，文风不是时代隐秘心灵的反映，而是当政者的思想和行为与大众生活的关联程度，是当政者的声音在大众中所能起到的响应程度、能被大众理解的程度。鼓天下之动者发乎辞，文章无力鼓天下之动，无法发挥“经国之大业”的作用，正道必然隐匿，世道必然衰败。

（二）重点避免的问题

作为应用文，能否真正致用，文风至为关键。当前应用文写作，文风应当重点规避“冗、假、大、空”“僵、硬、旧”的问题。

一方面是“冗”，就是冗长繁杂，行文叠床架屋、重复累赘，堆砌辞藻、短话长说，看似面面俱到，实则离题万里。这样的讲话有数量无质量，有长度无力度。

一方面是“假”，文不符实为“假”。就是虚假虚伪，文过饰非，夸大其词，不顾实际，掩盖真相。背后是想以文章获得不当利益、不切实际的成绩、超过实际的许诺，获得短期的声望，结果必然无以为继，新的更大的谎言可以苟且延续，但是必然要面临出清和破产。

一方面是“大”，所引、所用超过实际需要为“大”，就是大话连篇、不着边际，词语生涩、故作高深，写出的尽是正确的废话。只见以来头唬人，只见宗经、征圣、原道，只见宇宙、世界、家国，不见与受众的任何关系，只见致广大，不见尽精微。或者一件小事也要在空间上先国际、后国内，先省外、后省内，在时间上先山顶洞人、再商周秦汉，漫无边际、不着“四六”的话讲了一大通，最后才说到自己，似乎不这样讲就没有理论高度，就没有宏观视野。

一方面是“空”，言之无物为空、言不及物为虚，就是多空话、套话，没有针对性，换个名头任何单位都可以讲、任何人都可以讲。没有思想成果，只有文字堆砌，没有逻辑关系，更没有联系实际。

一方面是“僵”，言语不生动、没有活力、没有热情、不接地气为僵。

一方面是“硬”，论述逻辑生硬，衔接不顺畅，言辞不近人情为硬。要么对理论和材料生吞活剥，要么把认识和观点强加于人。

一方面是“旧”，语言不新、观点不新为旧，动则陈词滥调，话说三遍人人厌。

（三）好文风的标准

应用文要达到预期的目标，必须强化“准、适、简、实、新、清、活”的文风。

一是准。就是要用语准确、表意准确，不要留有含糊的意思空间，也不允许一句话有两种以上解释，这样才能具备表达组织意识的基础，文章才能具有法规性、权威性，才能作为执行的依据。准确不代表绝对化，不代表不能用有弹性空间或者模糊空间的语言，有时为了避免歧义、精简篇幅，可以灵活使用“几乎”“左右”等模糊语言，尤其对于未知事项、无法精准描述的事项，用语还是要体现原则性和灵活性的统一，要科学描述，避免绝对化。准确定量是一种准，准确定性也是一种准，具体还要根据文章目的需要来安排语言。

二是适。就是用语要适合文章对应的主体、受众，宣读的场合以及要实现的目标。既要贴合发文、发言者所代表的组织的身份形象，也要顾及受众的认知程度、关注重点，同时更要照顾到文章要实现的目标，用合适的语言影响受众、发动受众，实现文章目标。另外，文章用语要刚柔相济，刚柔适度，需要发力的时候要当头棒喝、猛击一掌，把强制性、规定性的东西进行刚性表达；需要收力的时候要春风化雨、循循善诱，用柔性表达来起到教育、引导、宣传、发动的作用。

三是简。在服务文章目标的基础上，力求文字简短精练、直截了当，要言不烦、意尽言止，观点鲜明、重点突出。文章长短要视具体情况而定，宜短则短，宜长则长。能够一句话说完的事，决不用一句半话说完，能够三言两语说清楚的事，决不拖泥带水，添枝加叶。能够用短小篇幅说明白的道理，决不绕弯子，有时的面面俱到，实则累赘无益。用最少的文字，准确严密地表达最丰富的内容，做到篇无累段，段无累句，句无累字。即每一段、每句话、每个字都有它存在的价值。简，不是少，也不是缺，要做到文约事丰。简不代表思考不深刻，不代表没有新意，不代表素材寡陋，必须在广泛收集材料、深入研究思考的基础上，用简的形式、短的篇幅说出对事情本质的研判。简短考验的是思考的深度，奥卡姆剃刀原则表明，说明同样一件事情，假设最少的最接近真理，应用文写作也是如此，同样说明一个道理和问题，文字最少的最接近卓越。

四是实。要讲符合实际的话、讲管用的话，讲有感而发、有内容的话，讲反映自己判断、思想的话，讲明白通俗的话，讲接地气的话，既要言之有物，又要言之有序、言之成理，在平实的话语中体现深刻的思想和主张。这要求文章深入浅出、虚实结合，能够反映事物的本来面目。要求分析问题客观全面，既指出现象，更弄清本质；阐述对策具体实在，有针对性和可操作性。文风朴实并不是报流水账，无思想观点的简单罗列必然影响文稿的高度和深度，味同嚼蜡，枯燥乏味，让人读不下去，也听不下去。

五是新。就是力求思想深刻、富有新意。文章没有新意，折射的是组织或者领导的思想水平、理论水平、工作能力以及语言表达能力。因此，要注意在继承中创新，根据新形势新任务、新情况新问题，提出解决问题的新思路和新举措。要讲究角度新、材料新、语言表达新。不一定是要提新口号、编新名词，不是标新立异、刻意求新。对于组织和领导在一个时期内的重大提法、固定性思路、规范性表达等，一定要注意坚持沿用。在此前提下，根据需要进行深化、拓展，做到老问题写新、新问题写深、难问题写清、繁问题写精。

六是清。就是文章结构、逻辑、层次、语言等简明清晰。文章是展示给人看的、讲话稿是给人听的，应用文就是来为目标服务的。因此，既要便于讲、也要便于读，还要便于记录、传达。因此，应用文章要搞清楚先后顺序，起承转合，做到逻辑缜密，层次清晰，切忌交叉、重叠、混乱。做到语言顺畅、通达、明快，切忌晦涩、干瘪或者冗长。

七是活。文章语言新鲜活泼、富于变化，让听者能够听得进、记得住、有启迪。要形象，要考虑文章的受众，利用对象易于接受的表达方式和熟悉的生活实例，无论对象是谁，应用文章都要努力使复杂的问题简明化、抽象的道理具体化、枯燥的内容生动化、深奥的理论通俗化。但是，应用文章应当尊重目标的严肃性，切忌哗众取宠、隐喻失当。

对于应用文作者而言，也许可以通过摘抄、拼凑，或者通过脱离实际的生编硬造，造出一篇文字漂亮、格式工整的文章。但是，真正讲真话、讲实话的优秀文章是无论如何也造不出来的，因为那必须是心底的声音。

要改变文风，必须要从实处着眼，用自己的事业心、责任心和真实的情感去写作。要深入研究文章面临的工作情况、组织面临的形势、受众的心声，避开空话、假话的诱惑，用鲜活的语言表达自己的观点，把精力用在提出问题和解决问题上，而不是炫耀技巧、卖弄高深以及吓唬人上。要养成讲真话、实话、心里话的习惯。

二十、定神

知识工作的特点就是把注意力集中在一段相对较长的连续时间段中，对一项工作进行系统全面的思考，思维的频繁中断是知识工作者的大忌。客观事件导致的中断，造成思绪不能连贯。主观情绪不佳则导致无法进入思考的节奏。这两类因素是导致知识工作效率不高的主要因素。文字工作是典型的知识工作，写作过程的思考也遵循上述的规律。

文字工作者作为组织内的工作人员，其他工作带来的中断不可避免，而主观的情绪问题需要重点进行控制，避免占用心神，把思考时间用于解决问题、推动写作。写作任务都有明确的计划节点，不可能等你心情好了，情绪稳定了再去工作。因此，必须通过各种手段和方法来控制写作中的不良情绪，为写作提供一个安定的、便于写作的内在环境。一般而言，可以从作者内在的修养和组织的保障两个方面为写作营造良好的环境，避免不良情绪的影响。

（一）作者内在修养层面

应用文写作是靠作者感情驱动的工作，作者是组织的一员，从事着为组织思虑谋划的工作，较多处于管理岗位，部分处于组织的决策机构中的重要岗位，有的直接为组织的最高领导提供文字服务。作者本人应当对组织有较深的情感，应当幸福着组织的幸福，忧患着组织的忧患，应该要从心底关心组织，希望组织能有较好的发展，应该密切关注影响组织发展或者与组织发展高度相关的事项和风险，应该能够将自己的发展与组织的发展紧密捆绑，与组织成为利益共同体、情感共同体。这样，作者才会有足够的主观动力去推动各种文章的思考和写作。如果作者没有了感情，形同槁木、心如死灰，对任何事情都无动于衷，就不会有解决问题、推动工作的迫切性，文章也就没有感情和激动，写出的文章也就成了槁木、死灰。

文章靠感情驱动，但是文章写作过程中需要持续的、稳定的感情来驱动。尤其是应用文章写作，文章本身不能表现出太强烈的感情，尤其是不能受感情控制，必须是在感情驱动下的理性输出，也就是感情推动我们去思考问题，写出的重点是思考的成果，而不是感情本身。这就需要作者有感情的同时，还要能控制感情，跳出感情，保持理性的思考。汪曾祺替女儿汪明写的《病退申请报告》中有这样的语句："敬爱的连队首长，我恳请您放过我们的女儿汪明，让她回北京治疗和生活……"作为文章大家，报告语言如此不同寻常、直抒胸臆，可能是作家本人不熟悉报告套路，更有可能的是因为感情太过强烈，导致文字太过本能，脱离了理性。

应用文写作是一个辛苦的过程，也是一个时刻保持勤勉、敬业的过程。曹操害怕"为文之伤命"，陆云感叹"用思之困神"，都说明的是写文章过程的艰苦。在这种情况下，尤其是面对文章带来的工作压力和身心疲劳，作者应当注重对自我的调节和疏导，保持内心清明和顺，心情调和畅通，写作期间有不痛快的事情及时进行排解，保持创作期间身心的愉悦，才有利于调动自己的体力和脑力，投入到谋篇布局的工作中去，而不是因为一些与文章无关的事情耗费心神和体力。

思考才是文字工作最关键的内容，思考有结果才能有文章。我们应当尊重思考的规律，心烦意乱就应当适当放开，不要在思路壅塞阻滞的情况下强行投入更多无用的功力。疲劳时要选择自己喜欢的方式休闲，让自己保持开心、解除疲劳。尺蠖之曲是为求伸，调整好状态可以帮助我们更快地拿出更好的东西。

对于写作要在一个合理的目标指引下保持平常的心态，不要一开始就把文章定成宏大叙事，也不要一开始就定一个完美的目标，徒增不必要的压力和烦恼，导致巨大压力下文章破题动笔都存在困难。而要坚持以我手写我心的心态去思考谋划，以平静的心态去消化材料，形成感性认识，凝神定气把思想的成果表达出来。

长期从事写作工作，必须保持好豁达、开朗的心态，做好长期吃苦的准备，才能以积极的心态应对过程中的各项挑战。作者要客观地看待自己不为人知的成绩，客观地认识自己的得失，始终保持乐观、主动的态度，才能在文字工作中找到自己的价值。自己的发展不见得是必然的，自己的提升是一定的。

其实没有一项工作不辛苦，没有一篇文章的起草不辛苦，但是作者主观应该认识到，为人所不能为，写人所不能写，必然辛苦。客观来讲，写得够苦，把别人写不了的写出来，把别人熬不住的熬出来，才算写到极致。

（二）组织保障层面

管仲有言：“无翼而飞者声也，无根而固者情也。”既然感情是推动作者起草文章的基础，那么作者对工作的感情是怎么产生的呢，并不是凭空产生的，而是根据事业和工作逐步产生的。如何让作者幸福着组织的幸福，忧患着组织的忧患，维系着创作的情感就是组织和个人双方的责任了。

组织应当从管理、激励的角度为从事文字工作的人提供一个积极的从业环境。尽可能地从客观层面减少对作者的扰动。应用文写作虽是应命而作，但是写好还是要靠作者的主观能动性的发挥，要靠作者主动站在组织的高度、理论和规律的视角、道德的层面，催动内心的感情和心力去为组织的工作立意、谋篇、断字、炼句，过程当中要经历搜肠刮肚，也要经历三更灯火、夙兴夜寐之后，才能基本有所成。组织的责任就是要维护好作者从事这项工作的动力。

组织应当及时提供恰当的物质和精神回馈，善待文字工作岗位，让作者愿意从事相对枯燥、辛苦的文字工作岗位。尤其是在有一定选择的情况下，如果大家都不愿意去选择文字量较大的岗位，或者宁愿跑腿办事而不愿动笔，说明组织的考核导向、用人导向、激励导向都不利于文字工作的开展。这种情况下，即使有承担写作任务的岗位，即使任务能够布置下去，在机制出现问题的情况下，怎么保证作者把写作任务当成重要的事来对待，怎么保证有高质量的工作成果？部分单位和部分领导往往以画饼的形式去交代工作、布置任务，即使能够一时过关，但是长期而言不可持续，结果会更差。还有的人以为权力是万能的，认为以权压人就可以完成任务，这是不了解知识工作的特点，也是缺乏知识的表现。

应用文写作是一项靠作者感情驱动的工作，是“物不平则鸣”。组织要注意的是不要让作者内心对组织自身的不平之鸣强过对文章涉及事项的不平之鸣。作者遭受痛苦时，怎么说服别人相信美好；作者内心不满时，怎么说服别人激发动力；作者内心失望时，怎么说服别人坚定信心。一旦作者对组织形成负面的观点，或者对程序形成负面的看法，作者写作的灵感就被自己的情绪左右或者转移了，在每次为组织思考时，首先要平复心中对组织的怨怼和不满，才能进一步思考组织的工作，那么文章起草将会是一个复杂的过程，起草的效率不会太高，文章的质量也不会太高。在管理学理论中，有一句话叫作“奴隶是建不成金字塔的”。一个困于不平之事而无法排解的人，一个生活在痛苦中的人，谁能相信他能拿出足够的热情、动力和智慧去提出卓越创意、写出锦绣文章。因此，一个代表组织立言的人，一个为组织提供创新性的观点、信息和思路的人，应该受到善待。不善待写作的人却又期待有上好的文章，不啻于缘木求鱼。

因此，对于文字工作，组织的责任就是确保工作人员：甘心付出、心无旁骛、动力充沛、自我实现。这里需要对文字工作人员的尊重，更需要公平公正的考核激励，需要鼓励思考、鼓励谋事的导向。最基本的要求是让作者保持内心的平和和宁静。

应用文写作，以“气”为动力之源，心甘情愿的作者才能有源源不断的动力，因此应用文写作这件事，在组织内长期的表现是愿者多劳。很多时候，组织内存在这么几类人，想写而又能写的、想写而不能写的、能写不想写的、不想写也不能写的。很多的组织往往以能者多劳为理由，简单地把写作工作落实在少数人身上，长此以往，想写的也不想写，能写的会努力不写，最终是愿者多劳，愿者苦劳，愿者过劳，写作成为不可持续的工作，组织的写作能力和水平也将令人担忧。一个组织展示的写作能力高低最终是一个管理问题，不是写作问题。文风背后是作风，应用文作者对组织的作风有着切肤的体会，当然也会在文字中直接体现。

在机制能够树立正面导向的情况下，组织还需要关注具体的工作环境。知识工作特点决定了，一个人在一个时间周期内，只能专注于一项工作，组织在任务分工方面，尽量要给文字工作者提供一个专注、专心的环境。

（三）不同情绪下的思想状态及调节

写作中，潜意识发挥作用随人的焦虑程度呈 M 型曲线变化（见图 1）。人在没有什么压力的情况下，在主观上没有什么能动性的情况下，潜意识发挥作用不强，灵感和顿悟也不多，随着人的紧迫感增强、压力增大，潜意识的作用逐步提升，灵感顿悟也经常发生，经常有启发性、创新性的想法蹦出。但是在压力达到一定程度后，潜意识的作用会明显下降，压力最大的时候，往往是这一个周期中潜意识发挥作用最低的时刻。随着压力的减缓，潜意识的作用还会提升，直到达到一定的峰值后逐步降低、逐步消散。紧张压力存在期间潜意识发挥作用的规律，我们可以感受得到，任务有一个很长的周期时，开始时没有什么想法，后续紧张起来后，想法逐步增多，但等到为了任务焦头烂额时，往往没有什么突破性的灵感出现，只有按部就班的思考和操作。紧张压力消失后，或者任务出手后，我们有时还会蹦出不少的新想法和创意。文章出手后，我们的一些想法大家可能不会再刻意去记录，但是有一种现象经常发生，就是在日常吵架时，很多人吵完了一段时间，才觉得没发挥好，还有很多新的话语题材可以在争吵中发挥关键作用。

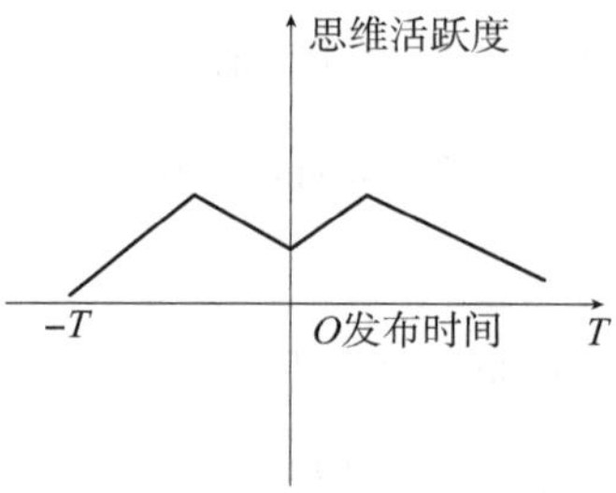

图 1

对于紧张、压力和灵感的关系，建议把压力和紧张抹匀，提前进入构思状态，提前鼓起文气。提前进入紧张状态后，火花有足够的时间释放，作者也有足够的时间反复思考、从不同角度思考，拿出的东西也具有更高的质量。

另外，应用文写作永远不会面临理想中的写作环境，有人靠熬夜创造一个相对安静的环境，但是精神和体力面临考验，不到特别紧急的情况不要轻易用这种模式工作。同时，这种状态只适合有了既定的思路和提纲，用外部语言模式将思考结果落实到纸面的情况，有时候刻意地熬到很晚不仅没有进展，还会把第二天的节奏打乱，甚至连续好几天不能进入好的工作状态。熬夜只是不得已的苦劳，不见得就能实现成效。要么在日常嘈杂的工作状态下写作，思路经常被来访人员、电话打断，这种情况下，适合开展文章的构思，适合消化大量的素材，适合联系酝酿各类文章要素，这种模式下，有时中断会带来痛苦，因为来之不易的灵感消失了。但是，在久思无果的情况下，有时还需要刻意中断一下，通过适当的运动、谈话、放松等与写作无关的内容来转换思路，节奏的变换有时能够带来重要的启迪。

正常的工作情况下，还要面临多任务的考验，在任务负荷较重的时候，要坚持要事先做的原则，潜意识会对其他的任务进行处理，往往是重要的事情告一段落后，其他事情的思路基本已经形成了，后续的工作也就水到渠成了。

有时任务意义重大，各级都非常重视。有时写作体裁以前很少碰到，没有经验可以借鉴。很多因素在不经意间都会给写作带来很大的精神压力。巨大的压力和巨大的不确定性一直会持续到写作开始，写作开始之前的时刻恐惧感最强。一旦文章按部就班地展开，或者作者一旦以确定的工作赶走不确定性，不确定性带来的恐惧也就消失了。

有时写作任务极为紧迫，但是越紧迫的时候往往越难以进入状态，心烦意乱的时候根本没有思绪，没有条理，越没有进展，心烦意乱的程度又会进一步增加。这时候就需要停下来，做一些具体的、简单的工作，在获得一定的成就感和愉悦感，当心情发生转变后，再回到写作的状态，往往会发现，原先卡住自己的环节能够轻易突破。

二十一、情第

文章是“充满勃郁”于内，而不得不表现于外的东西。感情，尤其是作者对文章涉及内容的感情，是推动应用文写作的关键力量，这种感情也体现在文章当中，成为文章的气。作者感情的种类，决定了文章的基调，感情强烈程度，决定了文章的气势和力度。

（一）感情的分类及在应用文中的应用

人有七种基本感情，分别为“喜、怒、哀、惧、爱、恶、欲”。在具体的写作工作中，这七种感情的强烈程度可能普遍弱于我们日常生活中的对应情感，但是，不能排除这些情感对写作的作用。在一篇具体的应用文写作中，总有一种或者几种感情穿插其中。具体但不限于对成绩的“喜”，对不作为、不配合、内耗的“怒”，对努力而没有成果的“哀”，对难以战胜的困难以及后续繁重任务、巨大压力的“惧”，等等。对文章中具体事项的感情状态及强烈程度，基本奠定了整个文章的整体风格。

总体而言，应用文是感性驱动的理性，一般是在叙事、说理中间接表达着感情、表述出倾向，即使是间接表达的感情，也是组织的感情，不是作者本人的感情。表达出的也是冷峻的情感、铁面人的情感，本质是理性的情感。但是应用文类目中，不排除部分贺词、通报、欢迎词等文章是感情直接表达，但也是理性的表达。因此，应用文写作就是感性驱动的理性。

在应用文写作中，情感阐述比较抽象、隐蔽，但不是淡化，往往寓于事、溶于理，一件事中的起承转合、层次递进，也带领着对应感情的响应变化。写作中，是以肯定、否定的语气，评论、判断、评价现象、人物、事件的意义，把情感寓于叙事中，把情感放在说理中，进行批评错误，鼓励先进，弘扬正气。在事、理阐述中展示应有的感情色彩。

应用文严肃、庄重、朴实的语言风格，决定了文章不会有太过直白、夸张的感情表达。但是，在组织内，各种感情是有共性的，即大家对同类事项的感情是趋同的，即使不直接表达感情，文章的感情色彩带来的感情共鸣也足以产生巨大的力量。作者在处理文章感情色彩的时候，应当充分考量作者自身、组织、客体的感情状态和强烈程度，思考文章言辞对自身和组织感情的表达效果，周到考量文章内容在客体中引发的感情响应，争取对客体调动起最合适的感情状态。

应用文写作，主基调是克制感情的，但是，文章本身由感情驱动去写作，也需要作者对事业充满激情。推动工作也需要调动客体的感情，需要文章能够激发客体的感情。同时，应用文代表组织，应当团结凝聚职工群众，因此文章本身必须要对群众满怀深情，才能鼓动人心，凝聚力量。因此，应用文写作中的感情色彩是应当也是可以好好利用的。

（二）感情与理性的平衡及效果

应用文要想达到应用的效果，以情攻心胜过千言说教！但是，作为应用文写作人员，应当实现一种感情的转变，就是要实现从艺文写作的共情到应用文写作的常情的转变。一般的诗词歌赋、散文小说展示的是人类共性的感情，这种感情可以凝聚广大人类。但是应用文写作所需展示的感情，只需重点凝聚对应目标人群的感情，也就是组织内人员的常情。组织本身有具体的环境限制和业务限制，应用文展示的感情，要起源于组织内的具体事项，要服务于应用文的具体目标，因此展示感情必须在组织内引发共鸣，体现组织内人的所思所想所感。这也就是说应用文中的喜怒哀乐惧，必须是对应人群的喜怒哀乐惧。

应用文写作的过程，就是一个为情造文的过程，要通过适用于文章客体的方式表达感情，获得目标对象的共鸣。如果不能实现与客体的悲欢相通，客体只会觉得文章内容吵闹。

感情是应用文写作的基础，但是，应用文中的感情本身是受约束的，其表达也是受局限的，可以通过表达感情服务于文章目标。也就是说，文章写作必须要有感情，但是不能只有感情，写应用文章，必须注意感情的收与放，尤其是要注意不能只通过文章抒发作者的感情，导致感性大于理性，导致关键问题把握不准、工作本质认识不透，客体只能感受到扑面而来的浓厚感情，却对工作没有统一认识，不知如何开展后续工作、不能团结一致行动，这样的应用文是不合格的。

感情的收放，或者说感性与理性平衡，是应用文与艺文的重要分野。大量的文坛巨匠，文章广为传颂、经久不衰，但是仕途失意，因为文字远而不行，文字发乎普适的情感，忽视了具体的问题，关注了矛盾的一般性和普遍性，没有关注特殊性，文章好则好矣，无用于治道。因为应用文多是在特殊情况下、针对特殊问题的致用文章，如果不能用于具体的实施，只能感染人、说服人，却不能带领大家取得胜利，大批文人也只能处江湖之远。有的文章不见于众口，但是成为影响国家乃至组织的定海神针，特点是行而不远，能够实施却不能广泛流传于世，原因在于太过精进务实，遵从理性和现实，不拘于感情，不为人传颂，却能在事物发展中起决定性作用，却能用于治国安邦。

（三）应用文写作中如何适当处理感性和理性

应用文发挥作用，是在遵循普遍性规律的基础上找出当前工作中的特殊性，发现主要矛盾，指出本质的问题，提出有针对性的解决方法，这些方面都必须以理性为主导，越少有感情参与越好。而对于总结工作、描述事实、明确要求等，可以结合客体及工作性质适当附带感情色彩。应用文致用的本质，决定了作者以感情驱动，去寻找理性的结果，在表达理性的基础上，才能有感情施展的空间。

但是从发挥好文章效果的角度出发，文章语言必须生动，以吸引客体的注意力，文章措施必须切合或者超出客体预期，文章主题句、关键句必须综合考量组织和受众等主客观方面的因素，必须要有感情才有力量。按照这个角度，文章所有的内容都应该注入感情的因素。

统筹处理应用文感性和理性的平衡，应当以感性为驱动，以理性为结果，再以感性为辅助，这样文章就可以兼顾各方面的要求了。总之文章之中要体现感情，有时要饱含感情，但是不能只有感情，作者不能只图自己感情抒发得痛快，必须要以致用为第一要务，感情也是为致用服务的。

二十二、运思

思考的结果是认识。认识高低决定文章高下，认识丰厚，则文章丰厚，认识淡薄，则文章干瘪。认识逻辑充分，则文章逻辑有力，认识奇特，则文章奇特，认识基础广博，则文章眼界开阔。

（一）写作即思考

应用文写作，不是为作者本人服务，是为组织和领导服务。较多的时候写的内容是作者本人没有从事过的工作，基本都不是特别熟悉的内容，但是，作者必须通过自己的思考，写出能够服众、能够代表组织和领导水平的文章，这就需要一个系统的运思过程，这个过程也有它自身的规律。

应用文写作，一般分为思考、起草、修改三个阶段，最本质的就是思考这个阶段。思考是脑力劳动，在于谋篇布局、运筹词句；起草是体力劳动，在于组织文字、落实思路。只有先深思熟虑，才可能下笔千言、一挥而就。可是日常工作中有些同志不习惯先思考后起草，或者不愿意先在思考方面下苦功夫，只要接受写作任务，就立即面对电脑，边想边写，想想停停，写写停停，往往一篇文稿旷日持久、久攻不下，最后甚至于连自己都有些疲倦厌烦。如果改变策略，先进行深入思考，把文稿思路、结构、词句都充分地思考清楚，可以在笔记本上列提纲，可以在草稿纸上打草稿，也可以打好腹稿，思路清则笔底轻，最后写作就是在电脑键盘上打字，没有什么复杂和艰难的。这种情况下，文章写作完全可以成为一件极其简单而快乐的事情。

如果思考不到位就匆匆动笔，拿出的稿子要么自己不满意，投入大量时间修改，要么组织程序漫长，各个环节、各级领导都要花费大量功夫用于稿子的完善。经过类似过程，我们会更加明白“磨刀不误砍柴工”的道理，应当在思考方面投入更大的精力，才会在起草和修改方面少花功夫。真正决定文稿质量的不是你打字的速度如何，而是你事先思考的程度，包括高度、深度、广度，等等。所以，思考才是文稿形成的基础和关键。换句话说，好文章既不是写出来的，更不是改出来的，而应该是想出来的。因此，我们应当把写作过程当成一个思考的过程，把主要的时间用于思考。

（二）应用文的具体构思模型

思考的过程本身就是一个回答是什么、为什么、怎么办的过程，也就是对一个问题进行研究并提出解决方案的过程，不同文体只是展示的内容不同，行文思考和谋划研究的思路并无不同。

不少影视剧中有类似的桥段，要挑出一项工作或者某个工程的问题和毛病，只需要从顶层逐级查问下去，总能在一定的层级上找到存在问题的地方，比如乐队指挥是谁，大提琴手是谁，用的琴是什么牌子，琴弦来自哪个厂家，这么逐级问下去，总能把人问倒。

我们写文章运思，就是把不同层级的事物梳理明白，能够经得起一定层级的考问。

核心的思维模型类似于一个沙漏形状（见图 2）。我们先收集的海量的环境信息、组织信息，这是我们沙漏的最上层，经过我们思考的层层筛选，每一层按照不同角度或者功能，进行进一步的分类，构成每一层的内部结构。经过逻辑推演和思考，我们会归纳出存在的问题，得出后续的趋势和方向，最后形成文章的主旨，得出工作具体的目标和方向。

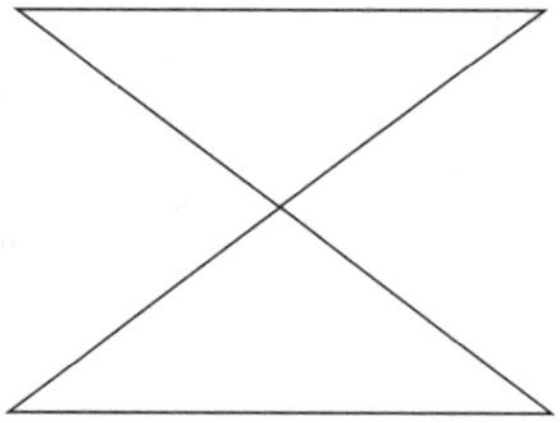

图 2

按照文章的主旨，我们系统地展开，形成不同层级的工作，或者明确不同的工作要求，把我们对不同种类事项的思考结果进行逐一表述。每个层级内部又根据维度和功能不同进行工作分类，每个层级的分类按照重要顺序排序，总数要有一定的控制，形成工作目标的支撑。

不同的应用文体，只需要从中选择不同的内容，按照文章格式要求进行展示即可。文章也可以根据长短要求，展开到对应的层次即可。每段文字也可以按照类似的思考模式展开。

（三）文章构思的注意事项

按照这种思路进行文字运思，需要我们重点关注以下事项。

一是核心问题的提炼与思考，就是得出的主旨、主要目标和方向一定要经得起考验，因此在主旨方面一定要经历多轮迭代和思考。

二是不同层级内事项分类和安排。事项分类要符合客观实际，重要程度排序要符合客观情况，细节安排也要经得起现实的考验，要能够做到不重不漏。

三是从沙漏的顶部到底部，各层级之间的结论不能有逻辑矛盾，材料、问题的指向要与后面的支撑措施相匹配，也就是是什么、为什么、做什么能够一脉相承。

以上是针对一篇具体文章题目，大概能够用到的思考模式。但是，每一个具体的部分，都是一个小的文章题目，这里有一种类似分形学的规律，也就是文章整体有几个部分支撑，每个支撑部分也有具体的支撑，每个支撑部分都要有思考的成果体现。在这种情况下，要想尽快拿出高质量的文章，需要有几个方面的基础。

一是大脑较高的思考效率，对于以前没有考虑到的内容，大脑能够快速消化处理有关素材，利用作者的知识基础、理论储备，快速形成观点、想法和措施，迅速形成对应部分的内容，支撑文章框架。

二是作者本身的思想储备丰富。也就是作者在日常工作中，对于很多问题有过深入的思考并形成了一定的成果，这些成果往往以潜意识思维、内部语言等成果存储在头脑之中，等类似的写作要求和题目出现在眼前，需要以外部语言模式输出的时候，这些前期的成果可以作为外部语言写作的半成品使用，或者将思考结果与当前题目建立密切联系并应用到当前文章之中。这种成熟或者半成熟的成果越多，整篇文章的写作构思就效率越高。

日常的思考不仅是给文章提供半成品或者成品，还是思考能力提升的最直接的途径，只有不断地思考，大脑的信息处理能力、创新效率才会不断提升，大脑才能建立有效的思考组织模式。

对于一篇文章，应用同样的思考方法，能力不同、积累不同，写文章的效率明显不同，质量也会明显不同，但是这些不同都是“内家功夫”，都从人的表象上看不出来任何差异。在写作类的文献和教程中，有过很多关于平常调研积累、思考研究、形成腹稿或者书面稿，最终在写作中一气呵成的案例，这就是思想储备方面的典型。也有对着屏幕一天拿不出一行字的案例，这就是疏于储备、惰于思考的典型。

一篇文章如果没有基础，也没有思路，就不要着急去写，这种情况下也是写不出来的，而要从基本的思考做起，去研究素材，去分析形势、研究环境，去读与文章题目有关的理论文献和专业书籍，对组织现状有了一定认识后，形成了一些不得不说的观点之后，再去按照一定的结构框架谋篇布局，这样也能够在一定时间内形成一个相对能拿得出手的初稿。

二十三、练技

写作本质上是一个思考的过程，写作训练就是不同思维模式的训练。同时，学习训练是枯燥的，要从一个初步接触写作的人到达一个技术娴熟的状态，需要经历一个艰苦的过程。但是，这个过程符合一般的学习规律，就是通过一定的练习，实现快速把头脑里的东西输出出来的过程。一般需要通过以下手段，读书、批注、笔记、写作、总结。

（一）读书

学习有自身的规律，应用文写作中，我们学习的目的是为写作提供思维基础素材和思维方式。因此，这种学习是一种目的性较强、趣味性较差的学习，衡量学习的效果，不是看学了多宽的范围、多高的频次，而是看能掌握多少，有多少内容能够提供给大脑进行思考加工，有多少思维方法能够在写作中熟悉运用。

因此，在应用文写作的学习中，我们要关注学什么的问题，更需要关注怎么学的问题。

1. 学习的内容

对应用文写作人员来说，学习的范围一定要广，除了政治理论、国家政策、法规、会议文件等，经济、文学、历史、哲学等方面的知识也都要涉猎。

对于政治理论、国家政策，一定要重点把握精神实质，这对了解宏观形势和政策走势，从更高层面认识和把握本单位的工作任务是非常有帮助的。对于组织运行涉及的一些行业趋势、专业文献、上级领导讲话等要深入学习，为一个组织起草应用文章，必须全面掌握组织所处的情况，才能放眼全局谋划组织工作，提高文章的层次和境界，同时也能充分了解工作动态和工作要求，更好地把握工作方向。学习中央、国家和上级的文件和权威媒体的文章，可以帮助我们学习借鉴高手们的写作方法。

学习古典诗文方面的知识，可以帮助我们推敲提炼文章标题、关键句子等内容，提升整个文章的美感。学习哲学、经济、历史、科学方面的知识，可以用足够的理论、案例等来佐证我们的观点、支撑我们的立场，提升文章的客观性、逻辑性、严谨性。

2. 学习的方法

学习成效的检验方法相对比较简单，文章读完了，能够复述出来多少，基本等于掌握了多少，复述不出来的，不要指望在写文章的过程中能够灵活应用。当然，还可以发挥指针的作用，就是可以记住某些点，等到大脑开动思维需要相关内容时，再由这些点引导作者去查阅相关资料。我们的学习，主要是以提升这两方面的效果为目标。

阅读法。不同类型的文章应该有不同的读法。对于古代诗词散文，要熟读成诵，古人说“读书百遍，其义自见”“旧书不厌百回读，熟读深思子自知”，强调的就是要反复地熟读。而对于现代汉语的文章，尤其是涉及工作方面的文章，应该以分析为重点，通过深入分析，把握文章的重点内容、精彩句段、结构匠心，不仅知道文章写了什么，还知道作者的写作思路，从而进一步加深对文章的理解，这样才算是基本上读懂了。只有读懂才能掌握，才能做到案头上的书越读越薄、头脑里的书越读越厚。

批注法。本质就是在阅读时用外部语言模式进行思考，将阅读时获得的潜意识思维、内部语言思维成果集中展示出来。在阅读的时候就实现了从物质到意识再到物质的转变。毛泽东在阅读《二十四史》等历史典籍时，写了大量的批注，这种批注实际上就是一种评点，达到格物致知的效果。历史上毛宗岗评点《三国演义》、金圣叹评点《水浒传》、脂砚斋评点《红楼梦》，评点是读书读文章的好方法。从事文字工作的人读文章，完全可以借鉴古人评点的做法，当然评点不是要简单地评论别人文章的优劣，而是要以分析文章结构和解读文章写作方法为重点，以积累思考结果为重点。如果一年下来，能够认真解读几十篇甚至上百篇文章，有关文章的写法技巧、结构安排等形式方面的问题应该都会迎刃而解，这些读过的文章涉及的内容，也会在我们脑海里形成数量可观的、可供调遣的写作素材。

（二）实践

写作是一项实践性非常强的工作，要想提高写作水平，除了刻苦学习之外，还必须进行反复实践。网文圈里有一个观点，叫“百万成神”，就是经过思考输出的文字量超过百万，就能成为写作高手。应用文写作也面临同样的规律。本质是对头脑和思维的训练，达到迅速、高效输出的水平。

但是，日常工作中，应用文写作经常是任务重、时间紧、要求高，这使得年轻同志很少有实践的机会。这种情况下，年轻同志可以从写作小文章着手，熟悉基本要求，积累初步经验。一般来说，会写短文就大概率会写长文，而连短文章都写不好则长文章肯定也写不好，努力练习写好短文即千字文以打好基础，这是非常必要的策略。写作短文可以是单位领导布置的工作任务，也可以是自己有意识进行的练习。真正要想迅速提高机关文稿写作水平，仅靠单位布置的工作任务实际上是远远不够的。

如果单位没有布置写作任务，那就得自己找题目有意识地进行练习。这时写作的题目从何而来呢？可以有这么几个办法。一是读的时候就要考虑写。拿到一篇文章，先看题目，思考应该如何写，写几部分，如何开头结尾等，考虑到什么程度由自己灵活决定，然后阅读正文，分析作者是如何处理的，处理得好不好，好在哪里等。理解能力决定了读懂的程度，提高理解能力只有依靠多阅读、多分析、多比较、多思考、多总结。二是同事写我也写。很多人都怕写文章，只要写作任务没有落到自己头上，就觉得事不关己而高高挂起，甚至暗自庆幸。这种思想对于自己的进步成长是不利的。既然从事文字工作，对于文稿写作就应该采取积极态度，即使写作任务布置给同事了，自己也不能闲着，可以同时进行同题作文。这种做法既可以公开，也可以隐蔽；如果公开则可以请领导帮助审阅修改，如果隐蔽则只能自己与同事进行比较。在写作机会不是很多的情况下，这样做可以为自己创造条件争取机会，从而让自己得到更多的锻炼。三是善于自己找题目。如果说会找文章看会找书读是学习能力的标志，那么会找写作题目则是写作能力的标志。无论文学创作，还是科学研究，都要依靠自己体验生活、研究事物去寻找题目，然后把自己的感受体验写出来就是文学作品，把自己的研究成果表达出来就是科研论文。从事文字工作，初级阶段需要进行大量的训练，可以搞些创作，也可以搞点研究，这些都要自己去寻找题目。找题目也是一种能力。题目找得好就成功了一小半。所以，一定要重视找题目。题目找好之后，要善于破解题目，即思考如何阐述表达。自己满意的文章可以往外面投稿，一旦发表就可以极大地增强自信心。也可以每天设定固定的写作量，自我督促完成，当前利用互联网平台开展写作练习也是一种非常好的方式。功夫靠平时积累，只有平时经常练习，才能确保到用时熟能生巧而轻松自如。

一般而言，自我选题写作训练，要从短文即千字文入手。千字文篇幅短小，但五脏六腑一应俱全，用其进行读写操练可以收到费时少而见效快的效果。另外就是要讲求一个“多”字。无论读写，都是多多益善，提高读写能力必须从量变到质变。

有写作任务时，应该摒弃交差、应付等心理，把每次的写作任务都当成磨炼的机会，不断提高标准、超越自我，写完之后也不能觉得“万事大吉”，而应该多花点时间在修改上，看看观点是否立得住，语言是否简洁得体，文气是否前后贯通，争取一次写得比一次好。工作之余也不能放松练习，可以用写随笔、日志等方式盘点工作、记录心得，保持对文字的敏感性；也可以通过写公众号、评论等方式分享经验、点评时事，增强总结分析能力；还可以积极向报刊、网站等投稿，用更高平台的“磨刀石”砥砺自己，不断提高语言文字水平。

写作时，要客观看待现实状态与理想状态的差距，不要因为写得不好、怕犯错误导致不敢下笔，而是要大胆地去写，在有成熟的立意和结构的前提下，一定要果断进入外部语言思维模式，可能开始时有一些思虑不够周详的地方，但是一旦写作开始，很多存在的障碍可能就会很容易被突破。另外，写作时，不要动辄就追求写成宏大叙事，这样只会徒增不必要的压力，导致写作时放不开手脚，或者在文章整体没有形成之前就拘泥于细节的纠缠。而应该尽情挥洒自己的思想和感情，把想说的东西说出来，把稍纵即逝的想法和灵感用文字固化下来。再站在整体的角度进行思考和优化，才有可能成就宏大叙事。也就是说，所谓宏大叙事，只可以作为一种偶得的结果，没必要成为必然的需求。

一切还是要从一时一地之用出发。

（三）总结

现在有不少人虽然能够写出文章，但讲不出所以然，说不出其中的奥妙，恐怕与平时不善于总结是有关系的。经验是实践的产物，反过来对于实践又具有指导作用。

对于文稿写作经验，要及时总结。中国古人的写作，经常是既写诗又评诗，这种做法很值得我们学习借鉴。所以，我们从事文稿写作，不仅要会写，而且还要会论，要把写与论有机结合起来，这就需要注重边写作边总结，也就是要及时总结。

要同时从正反两个方面进行总结。在写作的过程中，哪些方面处理得好，一般自己心里会比较有底，事后确实这些方面得到领导的认可和群众的好评，证明自己在这方面的思考和把握是正确的，这就是成功的经验，对此要认真总结。相反，对于失败的教训也要认真总结，深入分析并找出其中的原因，提出今后改进的方法和对策，力求避免同样的问题、低级错误再次发生。当然，总结成功经验比较容易，而要汲取失败的教训则比较难。扬长避短、好了伤疤忘了痛，这几乎是人的天性。但对于文字工作者来说，一定要正确对待文稿写作中的得失，善于从正反两个方面进行总结，从而不断完善自己的思路和方法。

要注意选择总结经验的合适载体。经验的载体，可以是笔记本，可以是小文章，也可以是专著。很显然，把自己的写作经验记录在笔记本上，这是最简便易行的方法，随时随地都可以写，想到什么写什么。古人往往都是三言两语，精彩独到之处，画龙点睛之笔，能够准确地揭示事物内在规律，给人无穷无尽的思考和启发。如果要把自己的经验写成文章，相对来说则要费时费事得多。

总之，起草应用文是一项重要的业务工作。要提高写作水平，就必须在读、写、总结等方面下功夫，一是要讲“多”，二是要讲“勤”。还是唐代散文家、诗人韩愈说得好，“业精于勤荒于嬉，行成于思毁于随。”一切都得从个人实际出发，只要把自己力所能及的事情做得精益求精，人生便会因此而精彩。

二十四、破难

如果责任心够强、感情够足，每一篇应用文的写作要求，都高于作者当时的写作能力。这种情况下，每篇应用文写作都不会容易。具体的写作中，有几类困难是共性的。

（一）常见的难点及应对

应用文写作中，总会遇到想不清楚、写不出来、熬不下去的情况，或者写出来不满足自己的要求，自己看不下去的情况。但是面临着组织的需求，总要在规定的时间节点拿出一定质量水平的文章出来，这就要经历一个战胜客观和主观的过程。

1. 想不清楚

突出表现为对文章主题缺乏深入研究、清晰认知，理解不透不准，写的时候展不开，即便绞尽脑汁也想不出几句话；撰写综合性文稿时，自己仅仅知晓其中的一个或两个方面，写起来东猜西找、一片茫然；对所写内容不熟悉，没有掌握其脉络、把握其规律，很难往细处想、往深处想，思维不连贯，思路受限。

想不清楚主要是不知道写什么的问题，尤其是个人承担综合性材料起草的过程中，由于对全局的把握不够全面深刻，对形势了解不够具体深入，对后续需要干什么当然也没有固定的章法。个别情况下，代表组织起草文章，不在其位，却担其责，确实会面临着不知道如何下手的问题。面对这类问题，主要解决信息问题和站位问题即可。

信息问题可以通过纸面材料收集、吸收的过程解决，也可以通过与相关领域人员的交流、访谈获取，建议两种方式并行开展，这样收集的信息更全面，供我们思考的内容更丰富，现场交流方式获得的信息资料更鲜活，自己体会更深，应用起来也更加得心应手，纸面材料相对完整，且经过加工，可以代表对应领域的观点和想法，有时需要重点借鉴。

站位高度决定文章的高度，这就需要作者真正站在组织的高度认识问题、分析问题、解决问题，才能知道组织真正需要什么，也就知道该写什么。在写作的过程中，关起门来当领导是必然的要求，站在领导的角度了解信息、收集材料，才能有足够的材料供思维加工。同时，如果对一个题目实在没有想法，带着问题、带着题目有目的地去读一些外部的相关资料，对启发思路有很大的意义。

2. 写不出来

写不出来主要表现在有东西不能输出，有时写出来的东西不像。

有东西不能输出，就是文思郁结或者叫失语，不知道该怎么写，或者憋了很久就是拿不出东西，这时候就需要换个环境、换个思绪，等候豁然开朗的时机。在时间较紧的情况下，可以将一些思路性的东西简单堆砌在卡住的部分，继续进行下一步的工作，等其他部分写好后，再逐一击破，在大局已定的情况下，作者的心态已经发生了变化。同时，在其他部分已经确定的情况下，对卡住的内容一般也就有了更全面的认识和更新颖的角度，一般而言，这个时候这些难点都会一一击破。

但是千万不要因局部丢掉全局，卡在一个点迟迟不能突破，导致时间到了，文章不成篇幅，完整性存在极大缺陷，这样组织内的其他人也无法提供有效的支持和帮助。

3. 写出来不像

对写作服务的对象而言，讲究的是“为我、像我、是我”。写出的东西不像则是一个比较难以解决的问题，说明作者在立意高度、文字风格、内在逻辑等方面距离文章服务的对象要求有一定差距，这种差距不是短时间内能够解决的。但是可以迅速通过更改主题句、标题句，提升文章的夺目程度，再通过引用权威、理论、规律等内容增强逻辑力度，同时适当调整内容布局和过渡语句，实现整个文章逻辑的通顺。文章写出来不像的问题，短期需要外部力量来共同解决，一个人拘泥于自己的思维模式里，短时间内很难自我突破，从这个角度也说明了应用文写作是组织行为，绝不是作者一个人单打独斗。但是从长期的角度出发，一个能够实现写作自由的作者，应该能够结合对服务对象的不断理解，通过对其专业、职业、日常习惯、语言习惯、思维模式等的不断深入认识，写出让服务对象认为“为我”的文章。“关起门来当领导”就是要求作者要将自己带入谋个角色，用他的身份、经历、习惯、知识背景和底蕴去思考问题，用他的理论体系去研究工作，为某个人思考问题、得出来观点、形成文章。像某个人的文章、像某个组织的文章、像某种场合的文章等，所有需要在风格上相似的文章，都可以通过用其理念支撑立意，用其言论、风格雕琢言辞来尽快实现文章的“像”。所谓“像”只是在外部语言思维模式上下功夫的事。而“是我”则是更高的要求，要达到“是我所需，是我所要”的效果。作者必须以“为我”“像我”要求的基础，深入结合既定的专业背景、工作经历、思维模式去思考问题，同时深入研究组织的本质需求，进而得出观点和结论，这种观点和结论还必须得到服务对象的认可，必须符合组织具体的发展实际，是文章服务对象的实际所需，这才能算得上“是我”。标志就是我们的研究结果就是组织领导想要的结果，也是组织发展必须开展的工作。

4. 熬不下去

熬不下去的情况多在作者体力脑力接近耗尽的情况下发生，也多出现在柳暗花明的前一刻。同时，文章越重大，时间越紧迫，越容易出现体力脑力耗尽熬不下去的情况。一旦出现这种情况，只能靠作者自己的毅力去坚持，比较考验作者的斗争精神和意志。但是我们可以通过前期做好准备工作的方式尽量避免出现这种情况。一方面要争取把时间留得相对宽裕，准备工作做得尽量充分，避免时间紧迫带来不必要的压力，因为没有时间投入的稿子没办法确保质量。另一方面在重大写作任务之前一定要采取措施保证好作者的身体状态和精神状态，写作前以及过程中适当放松，避免长期劳作，恰当时机中断，可能更有利于作者展开思维和写作。熬不下去的情况，主要靠“熬”和“调”两种方法来面对。

所谓熬，就是忍着痛苦硬抗，就是用外部语言模式对现有材料进行消化重组，对具体的文字、语句、结构进行优化，过程虽然痛苦，但是总能在限定的时刻内达到预期的目标，有一定的成果作为后续的基础。所谓调，其实就是适当跳开当前文思枯竭的状态，转变工作内容，从不同的角度重新启迪思维，利用潜意识、内部语言思维模式思考文章，获取新的写作角度或者思路。不管怎样克服熬不下去的情况，作者一旦成功经历了这个过程，就会成长为一个不会被任何事压倒的人。不服输，让自己变得更加强大，是激励大家挺过困难的最关键的一点。

5. 写作任务紧迫

应用文写作中还有一种较难应对的情况，就是紧急起草的文章或者紧急进行重大修改的文章。对于这类文章，一定坚持一个思路、多人齐心协力的方法。不集中一个思路，太过发散，时间都用在统一思想上面了。多人共同商议，可以集思广益，各人就文章内容相互启发，可以循着一个思路并迅速拿出最好的内容，可以弥补一个人知识局限带来的问题，也可以节省大量收集、消化素材的时间。短文章众人共同确定思路，一人具体操刀，以我为主，兼顾众人的想法。长文章一个思路多人分块操刀，然后合并统稿。但要注意如何在时间紧迫的情况下，把多个人的内容有机衔接。对于应急文章，只能抓主题和大的关键内容。先确定文章围绕什么展开，再大致确定几个部分，每个部分有哪些关键内容作支撑。千万不要心里一急、立即就写，很大概率是越急越写不出，反而浪费了时间。另外，应急的文章一定力求快捷连贯，短文章尽可能一气呵成，长文章必须用一个思路贯通。

6. 不熟悉的内容

应用文写作中，还经常碰到写自己不熟悉的内容。这就需要调用组织的力量和发挥个人的写作技巧。调用组织的力量就是要对应条线提供尽可能多的材料，如有可能提供代拟稿，这就节省了大量的收集材料的时间，代拟稿可以充分表达本条线的思路和想法以及重点关注的内容，实际上已经可以替代作者第一番思考的成果，作者可以据此进入事物本质或者观点创新阶段。在此基础上，作者还有必要立足组织的需要进一步进行收集信息、了解情况，充实材料基础。而作者在处理这类文章时，很难有相对成熟、个性、本质的思想成果储备，因此要有一定的技巧来处理。一般要多写熟悉的东西，多写从全局角度对不熟悉领域的要求和认识，这样既显得有格局，也不至于太难写。要多花笔墨突出重点，不在具体的、一般的事情上纠缠。同时，要掌握并用好关键性的行话和术语，展现一定的专业水平和素养。对于不熟悉的领域和内容，以短平快的形式进行一些座谈、电话讨论、登门求教、听取专家及有关方面的意见，都能迅速让作者形成感性认识，增加对相关领域的了解，提升写作的针对性。还有非常关键的一点，就是要尽快、尽量多地领会上级或者权威人士在该领域的最新观点或者要求，并在文中适当的地方引用。也可以通过上级或者权威的观点来解释本组织对应领域的问题，这样文章的权威性、新颖性、专业性又可以增加一些。

以非专业的作者，面对诸多专业的领域，对于应用文写作而言一直是一个难题，最核心的技巧还是作者多学习、多思考，不求在专业里浸染熏陶多深，但是专业领域的事对全局的影响一定要有明确而深刻的认识。同时，作者也要强化日常的积累，争取做一个有心人，感受亲戚、同事、朋友、同学在日常生活中对一些事物的感受，在微观层面了解一些事物对大家的影响，可以帮助我们从纷繁复杂的材料中抓住最有价值的部分，与对应的专业领域建立联系，从而写出最具现实基础、最具实际意义、也最能打动受众的文章。

7. 多话题兼顾

文章所涉及的领域事项繁多，且都属并列关系，每一件事情单独写都可以成篇，放在一起讲不可能全面覆盖，但也不能遗漏，就出现了都讲篇幅不允许，也讲不透，少讲了谁都不行的难题。这就需要在并列的事项之上寻找共性特点，再将这些特点进行归类阐述。同时还要对具体的事项本身寻找共性、寻找重点，进一步划分框架讲述具体内容。就比如一些企业的质量工作涉及质量体系、产品保证、产品化、元器件、供应商管理、工艺、标准化，组织领导在会议讲话中如何把这些都讲到、如何讲出新观点就需要进行设计，具体处理中，先就组织面临的质量工作形势，在各具体条线之上对整个大的体系提一些要求和看法，同时将质量工作与企业的主基调结合，明确体系层面的共性要求。再对各条线当前的工作重点进行识别后，对具体条线的重点工作要求进一步明确，这样就有了第二方面的内容。第三个方面则把组织共性的管理要求在大质量领域进行细化。这样一篇有层次、有观点、有创新的文章基本就成形了。

8. 老话题出新

文章写作中还会面临老话题新文章的难点，这种情况就用戴表元的“三番来者”方法进行解决即可。但是切忌重复，重复就是浪费，重复是平庸的表现。重复令人厌烦、发火甚至作呕。我们要牢记 “人不可能两次经过同一条河流”，一定要认真研究写文章时内外部环境形势的变化，才能把握住新形势、新要求，脱离原来的窠臼。因此，写作过程中应当先把以前的文章拿出来看一下，认识它是为了回避它、超越它而不是模仿它。其次要了解在以前文章的基础上现在取得了什么进展，有哪些值得总结的经验、哪些需要注意的问题，找到本次写作的重点方向。第三就是抓住当前的主要矛盾，结合当前的最新形势，提出新的观点和思路。

对于一些老命题，最不缺的就是各种各样的资料，最应该做的就是从这些海量的看似寻常的字句、观点中把最有价值、最有内在张力、最有改造拓展空间的部分敏锐地区别、提炼出来，通过外在形式的重组、内在逻辑的重构，成就文章的立意之新、表述之新，以及形式之新。在这种方法中，对上级核心要求的拓展与阐释，对基层关注点的解剖与分析，对形势任务特点的概括与生发，都可以写出新意。用新框架、新话术、新提法把现有的内容进行重新组合和包装，也是具体的方法之一。

9. 写不出好标题

根据写作的运思模型，我们有了立意或者结论后，将立意和结论按照不同层次进行展开，这个过程类似管理学中的“金字塔”模型，通过若干个支撑内容，形成一个层级，然后逐级展开，文章的结论或者结论就可以得到有效的支撑或者表述。但是，形成结论、立意的过程，则是一个倒“金字塔”模型，如何将信息、材料一步步浓缩，接触到事物的本质，并形成凝练的立意和观点，这是一个比较困难的过程，尤其是写作的时候，怎么选择准确的字、词、句来生动表达文章立意，或者概括当前的形势的本质特点，尤其需要作者花费功夫。

对于破解这种情况，除了日常内容的积累外，此时，作者对文章所涉内容的感情就至关重要，或者作者“气”的强弱至关重要。情之所至，作者会时刻留心与文章内容相近或者相关的事物和文字，对有同类感情色彩的文字和事物非常敏感，总会有偶然的语句能够激起作者的共鸣，进而通过理似、形似、情似等方式找到适合抒发块垒的案例、词语或者句子，成就文章的点睛之笔，也为整个文章铺展开来造就高屋建瓴之势。这个过程对于古人来说就是“文章本天成，妙手偶得之”的过程，所谓偶然，只是情之所至下的必然。

（二）提升能力的渠道

写作这项工作，跟其他工作一样，都会经历一些问题、困难和障碍。写作能力的提升，也和其他工作能力提升一样，需要经历一个逐步解决问题和困难，突破瓶颈后实现水平突飞猛进的过程。

其实写作所遇到的困难是有限的，这些困难一一击破后，写作就进入了相对自由的阶段。我们学习写作，就是要通过适当的方法，快速解决写作中经常面临的问题，掌握经常遇到的问题的解决之道。而且这种方法与其他工作能力水平的提升有共通之处。外家功夫是熟能生巧，量变带来质变；内家功夫是勤思深思，常见顿悟之时。

所谓外家功夫，就是指基本的文字功底。

一是把简单的、容易的材料写好，即使感到枯燥无味，也要坚持工作标准。这也是在强化坚韧性格的培养，写文章很重要的功底就是坐得住，耐得住煎熬。

二是逐步向复杂的、有难度的材料迈进，简单的材料写多了，基本技巧练好了，在简单基础上的迭代创新就容易，各种基本技巧的综合运用也就容易，写一些相对复杂的材料也就具备了条件。

三是对于自己写不好的地方、打怵的地方，坚持一点一点地去磨，在困难面前，要保持良好的心态，多借鉴别人的思路和方法，多学习经典文献的技巧，终归能够解决。对于一种不擅长的风格、题材、段落等，磨它三到五次，就基本可以实现碾压了，后续再也不会成为问题。随着这类困难的减少，写作过程中遇到的困难会越来越少，写作效率会越来越高。

所谓内家功夫，就是产生新思想、方法、举措，就是创新，就是研究思考能力。

一是先把材料或者问题案例堆放在一起，简单研究共性、提炼规律，简单运用各类思考方式和工具进行处理。

二是在熟练引用各类思考方式和工具的基础上，分析材料、案例、环境等方面本质的特点，通过思考的由浅及深，逐步接近事物的本来面目，实现认识水平的提升。

三是根据具体的需求，结合对事物的认识，结合自身的理论知识，提出有理论高度、有科学依据、符合组织发展需要的思路、方法和举措。

经过一系列这样的过程，我们会熟练运用各种思考分析工具，能够高效率运用各类思维模式。

（三）克服写作难题的态度和方法

1. 由简到难

每天做的事都不难，才能将枯燥的、无趣的甚至痛苦的事情日复一日地做下去。每次都挑战有限的难度，不要想着一步登天，一鸣惊人，任何事都应该遵守这个原则。挑战成功后大脑会对人进行激励，让人能够持续坚持下去，这是人体行为学的规律。不能让每次提升都变成一个痛苦的过程，不然经历几次打击后人会变得消极，甚至放弃写作。

只要坚持每隔一段时间都有一点突破，整个写作领域又有多少困难够我们天长日久地来破解呢！因此，先把简单的做好，再在简单的基础上一点点提升，通过一段时间的积累，就能真正破解困难，破解很多困难。

写作时要尽量保持愉悦的心情，如果题目难度太大、挑战性太强，或者当时的情绪确实不高，可以暂停下来转做一些容易完成的事情，让情绪恢复，再入手构思写作。很多头疼不已的题目，心情不错的时候一不小心就会取得突破。

2. 日常积累

一篇文章不可能让我们天长日久地去写下去，尤其是应用文章，都必须限时限刻拿出。没有破除难点的能力，没有平时的积累，通宵达旦的加班加点并不能短期提升写作水平，不可能突然之间就具备完成任务的能力，所谓的加班熬夜只是表明工作态度尚可，工作方法不佳而已（当然，大批应用文写作人员熬夜写稿，是在拥有一定实力的基础上，集中一段连续的时间、减少外部干扰，用功完成任务，这种方法是正常的，有时是必要的）。这要求我们平时要开展自我的练习，不要等到任务来了再去从简单的事情做起。此时每项任务就是对我们平常功夫的一个大考，我们争取每次任务都有所进步即可，这样十余篇下来，进步就十分明显了。应用文写作进阶的过程中，每个人都面临不同的困难，但是只要我们躬身入局，咬着牙坚持下来，经过一段时间的积累，我们回头再看，都会觉得自己的进步不可思议，都会为自己能够写出这样的文章而高兴不已。

3. 保持工作时间的连续

每次都要拿出相对集中的、连续的一段时间进行写作和思考，这是知识工作者卓有成效的基本条件，相关理论在《卓有成效的管理者》中有充分的论述。每次集中时间写作只能保证一次工作的卓有成效，长年累月的卓有成效才能换来能力提升，才能实现写作自由。每天都抽出时间，逼着自己写下去，量的积累之后就是质的飞跃。达到一种想写就能写出的境界，此时，即使是陌生的题目，略做材料整理，也能洋洋洒洒地写出一篇不错的文字。这种状态下，所谓的写作技巧、写作方法、思考模式已经浑然一体、高度协调且高速运转。看到题目就习惯去查找问题、分析本质、提出观点，大脑的思维模式已经高度适应写作需要，脑子里有想法就能迅速转换成文字，双手已经能够做到和大脑高度一体，内部语言与外部语言之间的界限已经不太明显。人也就成了一个黑盒，一个思考、写作的机器，输入的是要求，收集一下基本素材后，输出的是符合要求的文章。

达到这种境界，写作中所谓的难点已经多数不存在了，有的只是高效地从物质转化为意识、再从意识转化为物质的过程。所谓破难，就是让难的写作内容变简单，就是通过正确的方式战胜困难，通过一遍一遍战胜困难，让战胜写作困难这件事变成一个效率越来越高的重复过程，所谓的难，也就不难了。

4. 及时抽离

知识工作要求必须通过相对一段时间的持续思考，思考才能有成果，才能有所成就。但是长期的思考无果后，人就应该从思考中抽离，转移注意力，通过潜意识思维模式、其他要素的启迪来焕发思维活力、获取新的灵感。真到具体写作构思的时候，我们怎么把握连续思考的中断时机呢！其实并无固定的规则，按自己对自己的要求，按文章起草的计划，按才思的强弱程度，确定自己是抽离还是继续。

一般而言，知识工作者必须持续一段时间的思考主要是显性语言思维模式，是对具体构思在纸面上进行持续的、系统的完善和输出。除非遇到未曾预料的障碍，不会有太多的卡顿和阻滞，因此需要抽离的概率并不高。需要抽离的时刻多出现在形成思路、提纲的阶段，那个时候真的会出现冥思苦想而不得的情况。

二十五、增删

正常的文章，一般写好后都有一个修改完善的过程，有时甚至是伤筋动骨的修改过程。文不加点对多数人来说是难以企及的。对于应用文而言，怎么看待修改以及怎么去修改，值得进行深入研究。

（一）修改的必然性

鲁迅说，“好文章不是写出来的，而是改出来的。”史蒂芬·金认为：“写文章是作者讲述自己的故事和观点，改文章就是拿掉不属于故事和观点的内容。”他还认为：“写文章要关起门来，专心表述自己的内容，而改文章则要敞开门，让文章见人。”多数人认为文章不厌百回改，因为很多时候，高手刚写就的文稿也很粗糙，尤其是由灵感到构思再到具体的文字，很难一次做到完美，特别是相对长一点的文章，更难一次做到完美。所以改文章是作者自我纠错也是自我完善的过程，通过这个过程，作者可以把自己想表达的内容表达得更精准，同时与组织的需要结合得更加紧密。一般的应用文写作理论、经验都把写和改作为写好文章的必经过程。

还有一种观点，认为文章的写与改都是外在现象，思考在文章的形成过程中才是发挥着核心和基础的作用，并认为当前应用文写作中，有人偏重于写，有人偏重于改，都没有把思考当成一个独立的环节。认为只有先深思熟虑，才可能下笔千言、一挥而就，在经过深入思考，把文稿思路、结构、词句都充分地思考清楚，通过笔记本上列提纲、草稿纸上打草稿，或者打好腹稿等形式，可以把文章勾勒出来，思路清则笔底轻，最后写作就没有什么复杂和艰难的，改的工作量也是不大的。这种观点有其合理之处，尤其是系统的思考可以显著降低文章翻盘的次数。没有系统思考的文章，实际是把修改的过程当成了写作的过程，在方法上是不可取的。

但是人的天分不同、才情不同、知识不同，针对同样任务，应对的方式也不同。《文心雕龙·附会》指出，“故宜诎寸以信尺，枉尺以直寻，弃偏善之巧，学具美之绩，此命篇之经略也。”就是做文章要抓大放小，争取大局的完美，放弃细节的精巧，这是谋篇的总体安排。同时指出，“且才分不同，思绪各异，或制首以通尾，或尺接以寸附；然通制者盖寡，接附者甚众。”就是说，有的人能够掌握全篇首尾使得贯通，有的一尺一寸、枝枝节节地连接黏附，实际上是通盘考虑得少，边写边改得多。最后指出，“去留随心，修短在手，齐其步骤，总辔而已，”意思就是文章就是要结合整体需求进行修剪增删，确保细节与整体匹配，就像抓住缰绳调整马匹的步调一样。因此，即使有思考，有布局、有提纲，有草稿，但是整篇的协调还是要修改匹配和完善的，尤其是应用文章，作者在感情的驱动下写就的东西，与组织实际需求的东西大概率不能完美匹配。同时，写作过程中，优先考虑思想感情的表达、优先表达文章的立意，先求篇、再求全，必然要回头进行细节的雕琢和文字的洗练，让整篇文章更严密、更完美。所以，修改仍然是必不可少的一步。

况且，修改文章的经典案例也多到数不胜数，朱自清有“文章不厌千遍改”的说法。欧阳修有“怕后生笑我”的典故。钱钟书有《围城》千处修改。海明威《老人与海》手稿也有200遍反复诵读和修改。更有贾岛苦吟诗人和曹雪芹批阅十载、增删五次的故事。况且，即使是苏轼，其名篇《念奴娇·赤壁怀古》初稿和正式稿也有很大的不同。

因此，尽管应用文创作与艺文创作有所不同，但是，修改完善应当算作一种共同的过程，而且是一个比较重要的过程。这也跟行文过程中的思考模式及思考规律有关系。

外部语言思考模式是一种及物的思考模式，是意识到物质的过程，也是意识和物质高频率发生关系的过程。油画画家需要涂改，山水画家需要涂改，工程制图也需要涂改，意识到物质转变的过程中，需要不断对照内外的标准和要求进行精确、凝聚、迭代，这本身就是一个应有的过程。同时，在这个过程中，用外部语言输出的意识本身也在不断变化（潜意识、内部语言思维并不会停止），输出内容的修改与变化更是必然。所以有人说，文章修改是没有止境的，应该就是从这些方面得出的论断。

所以，应用文写作过程中，改是必然的，不改是偶然的。我们研究应用文写作，重点研究怎么改，怎么高效率地改。文章修改的第一原则是要解决内容和主题的集中统一问题，要确保文章结构布局、材料选择是否符合主题需要，各章节、层次是否聚焦主题、指向主题。第二原则是解决通篇文字的繁略得当问题，尤其是素材丰富的情况下，杜绝素材的堆砌，确保不出现意思重复、语言重复，做到简繁得当。

（二）作者层面如何修改

关于文章修改的方法及注意事项，各类文章都有较多的介绍，但是对于应用文修改，尤其是作者本人的修改，还是要聚焦以下几个方面。

1. 整体上要合乎应用场景要求

要重点看文章内容、风格是否与体裁相匹配，避免名不副实的尴尬。要看文章长短是否符合要求，一些文章有严格的篇幅要求，比如一些重要场合的发言材料，如果明显超时，则需要大力删减。要看文字的感情色彩是否符合要求。这些要素都与应用效果直接相关，但是在具体的写作过程中可能会疏于考虑。因此，初稿完成后，先结合应用需求，从文章整体上看是否满足要求，这些方面存在问题，文章再好也没法应用，文章就是失败的。

2. 结构要合理、逻辑要顺畅、文意要通畅

先慎重思考一下文章立意是否精准匹配组织当前形势需要，是否精准满足工作开展需要，精炼、优化文章立意是整个写作过程中一直在做的事，立意的修改不见得是推翻重来，而是不断精炼优化，最大程度去匹配工作需要。再看文章立意是否有效展开，过程当中有没有卡滞的地方，立意的支撑要素是否完备，有没有缺失，确保了这些要素，文章就基本满足了应用的要求。

先看文章结构是否齐整，起承转合是否顺畅，过渡、衔接是否齐备。再看文章布局是否合理，各部分安排是否符合事物应有的规律，各个章节标题下的内容是否与标题相符，不相符的要么调整标题，要么调整内容。要看各部分是否匀称，有没有因“肥瘦”不一导致的突兀感，如果存在，要立足整体和谐做好增删。

先看文章整体逻辑是否紧密，一定要杜绝逻辑上有瑕疵的现象。再看文章叙事说理是否严谨，立意、章节、句群、语句之间的逻辑关系是否通畅。再看逻辑层次是否繁冗复杂，要做好枝叶的修剪整理，要避免层次太多，确保层次明晰、清爽。

3. 细节上进行精雕细刻

要看案例、素材是否精炼、典型，是否是表现力最强、最好的，阐述方式是否契合文意，是否是最佳的角度。

要看文章语句安排通篇是否风格一致，用语是否凝练简洁，一定要避免啰嗦重复，好的句子不一定适合整篇文章的需要，不要因为布料颜色好看就增加衣服的尺寸。文章精简和压缩一定要注意层次的合并和精简，这是效果最好、速度最快的方法。

要注重对文章内容的提炼和拔高，去芜取精，分析直达事物本质的同时，站在最高处提出见解和建议，达到高屋建瓴的效果。炼意是贯穿应用文写作全过程的事，不同时刻、不同感情状态对事物的认识不尽相同，顺着感情本能流淌而出的文字可能充满激情，但是等恢复理性再来观看的时候，就会用理性来约束和包装感情。这样才能做到用平实的语言表达犀利的观点和强烈的感情。

要注意文章用语的生动活泼，结合应用场景需要，做到能够吸引客体、凝聚客体、征服客体。同样意思的不同表述，一定要用最具新意的，没有人愿意听多次重复的话。

要注意写出新意。应用文所有的读者都是有独立思考能力的，很多人都是优秀甚至卓越的，对于显而易见的东西，应用文中没必要进行过度展开论述。

总之，文章不厌百回改。改文章是自我纠错也是自我提升的过程，是一个思维逐步升华的过程。需要高度重视这个过程，写得不对的地方、啰嗦重复的地方，要狠下心来删；写得不好的地方，要静下心来改；写得不足的地方，要耐下心来补。一篇好文章，一般都要经历一个打磨掉生涩，弥补掉不足，逐渐成熟的过程。

（三）组织层面的修改

一个人面对文章，考虑的是怎么思考、怎么写作、怎么修改。应用文作为组织开展工作的工具，面临着组织内的程序，因此，一篇文章产生还要经历组织内一步步地修改或者迭代。

对于比较正式的、复杂的报告或者一般领域性的讲话，都会有对应部门提供支撑材料或者代拟稿。这就是这个组织就这个题目进行的第一轮思考结果，可以体现这个组织最初始、最直接的想法，也是业务部门开展工作必须坚持的想法，虽然这些想法没有太高的理论高度，风格也不像具体的领导风格，文字有时比较粗糙，但是，如果业务部门认真对待这份代拟稿或者支撑材料，里面体现的内容还是需要给予充分的尊重。这是下一轮迭代的基础，同时，也会给作者的思想储备提供一定补充，也有助于提升整个文章起草的效率。代拟稿在日常的应用文写作中是经常出现的，也起着非常积极的作用。

第二轮迭代就是应用文写作人员结合自己的知识积累、形势分析、理论基础，利用自己的思考能力、写作能力对文章进行系统思考输出的结果。这里可能会对代拟稿进行全面颠覆，也可能是在代拟稿的基础上进行提炼拔高，工作量和工作方式可以不同，本质是体现文字工作者的价值和作用。此时的文章观点应当更接近组织的形势、更贴近发展需求、更适合组织的风格、更具备理论的高度，文章本身体系性更完备、层次更合理、文字更优秀。

第三轮是组织内的审签，不同组织程序不同、不同文章经历的程序也不同，但是各条线和各级领导立足自己的能力、代表不同的角度对文章进行批判审查，可以进一步完善文章、提升文章。

文章立意时，我们提出过“三番来者”的观点，只不过那是在作者一个层级完成的，其实在文章起草过程中，整个组织也要经历“三番来者”的过程，这样文章也就更能满足组织的需要。

史蒂芬·金对文章修改有一些观点和经验可以在应用文写作中进行借鉴，他认为写作的过程分为两个部分，一部分是关起门来写给自己，把自己的感情倾诉出来，把自己思维的成果从大脑下载到纸面；一部分是敞开门来给读者，结合读者的兴味、关注点进行再次创作，满足读者挑剔的要求。我们应用文写作，第一稿是倾诉作者心中的“气”，把自己的想法充分进行展示，把作者认为该表达的都表达出来；第二稿就是结合组织的实际需求、受众的实际情况、领导的具体需要、文章使用的具体情况，将文章雕琢成符合大家预期的样子。

二十六、勘误

致广大而尽精微，应用文写作是为了大事谋篇布局，要从大局入手，但也要处理好细节和精微之处，以精细之道统筹文字，做到文章内容准确、字词准确、符号准确。细微之处的谬误会拉低整个文章的观感，影响组织对作者的评价，也影响作者辛苦付出后的成就感，需要作者在起草过程中予以高度关注。勘误就是要找到并纠正错误，应用文写作中，发布之前的校对勘误工作对文章的质量有重要意义。

（一）勘误要求

但是应用文写作是一个创新的过程，新的东西总有一个成长成熟的过程。具体表现在写作中观点产生的逻辑、表达的准确性、分析的角度都有与以前不同的地方，都必须有一个风险释放、质量提升的过程。文章写作、修改的过程中，观点、逻辑、结构等方面的问题能够在一定程度上解决，但是细节之处仍然需要通过集中的校对、勘误来全面解决。

勘误校对主要关注以下几个方面。

内容准确。内容准确包括文章观点、材料、专有名词等的精准。引用的观点要忠于原意，基于引用观点的论述要逻辑合理、角度恰当，不能生吞活剥。引用的内容要精准，尤其是名人论述或者名言名句，要恰如其分。对于引用材料、事例，要有出处、要经得起推敲，在审稿过程中要经得起各级的询问。尤其是重要文件中的数字、单位、时间等，对于组织运行至关重要，一定要仔细确认，并在审查过程中重点关注。对于组织内的业务和承担的主体要对应，对事项描述要准确恰当，专业的描述、专业的结论一定要慎重，作者在专业结论基础上的总结概括一定要谨慎。最关键的是各类名称、级别、职务、称呼等非常严肃，弄错的影响难以估量。

字词准确。一要极力避免错别字。写错字容易使读者产生歧义，轻者影响工作，重者要引起严重后果。二要准确把握用词。要注意词的感情色彩，褒义词和贬义词的区别明显，但是不同感情色彩间的精细区分需要重点关心和关注；要注意词义范围的大小，要掌握好词的外延。要注意词义的轻重，要用得恰如其分。要注意词的性质，准确区别使用。要注意词的规范使用。

语法准确。如何有效地克服文中的语法错误，重要的是要懂得语法的基本知识。概括地讲就是“四要”：一要掌握好词组类别及其语法功能。二要掌握好词类的词义、语法特点和使用规则。三要善于识别和正确安排句子成分。公文是由各种各样的句子组成的。只有善于识别句子成分，才能正确安排句子成分，也才能成功地表达语意。四要认识和掌握句子变化及复句的运用。

逻辑准确。句子内字词安排要符合语法逻辑，主被动关系要正确，比喻形容要恰当。段内句子间时间顺序要恰当，句子间意思要相互支撑，不能存在矛盾和不协调。章节内部要么层次分明，要么颗粒度一致，各段的内容均服务于章节的主旨展开。各章节内容及安排能够全面符合文章需要，能支撑整篇的立意。

体裁及风格准确。应用文不同文种对应不同要求和不同格式。会议报告和一般的讲话材料要求也不尽相同，必须按照对应文章种类把握文章风格。还有比较关键的一点就是文章要符合使用者的风格，要能够体现文章使用者特点的内容和要素。

（二）勘误程序和方法

基于上述的要求，我们可以开展对一篇文章的审签流程，对文章内容进行全面的、详细的审查和校对。这个过程要依赖组织进行。一般的报告、讲话等应用文章，都会有对应的审签流程，各个审查环节也是纠错的重要环节。作者本人也应当在文章起草好后，错开一段时间，找一个神清气爽的时间段再次对文章进行检查。之所以错开一段时间，因为刚写完时体力和脑力都有所不逮，而且思维基本沉浸在文章的语言和逻辑之中，较难发现问题。如果不想让校稿流于形式，最好避免心急火燎或者昏昏欲睡的时候。

组织审签流程走完后，对于一些当场宣读或者会议发放宣读的稿件，质量影响着会议活动的成效、关系到组织的形象，勘误工作应当以更高的标准来进行。作者还必须进行最后的校对，该环节实际上是需要对文章进行精细化的雕琢，一般要经过众人读稿、读后修改、改后确认环节。众人读稿，重点发现文中不恰当的地方，一并发现错误和瑕疵。作者根据众人读稿反馈，进行重点修改，每一项修改的内容都要进行标识，稿件印刷前，要遵循可改可不改的一般不改的原则。众人提出的意见修改完毕后，逐项就修改处进行确认，确认无误一处，取消标识一处，所有标识都取消后，文章质量基本可以得到保证，具备了发表的条件。

作者和文章中的错误一直处于战争状态，作者能够拿出态度，组织能够提供资源，文章中的错误就会被压制。作者放松了、组织懈怠了，错误就会大幅反弹，这种关系严格遵守弹性定律，你力度大，它就被压缩，你力度小，它就反弹。

二十七、进阶

王国维对古今成大事业、大学问的人，总结了必经的三种境界。一是“昨夜西风凋碧树，独上高楼，望尽天涯路”。虽然怀着现实的痛苦，还是要独自登高望远，面对漫长的路途。二是“衣带渐宽终不悔，为伊消得人憔悴”。必须要经过一番辛苦和努力才能有所小成。三是“众人寻她千百度，蓦然回首，那人却在灯火阑珊处”。追寻到一定程度，努力到一定程度，就会有豁然开朗，就会有量变到质变的过程。

对于应用文写作而言，也要经历类似的过程，但有更多具体的台阶和进程。第一阶段表现为面对任务手足无措，类似“凋碧树”的彷徨，感觉整个写作工作痛苦而黯淡。第二阶段表现为渐入门道，掌握了一定技巧，能够按照写作规律要求对题目开展思考并形成对应的结果，但是每次任务都要经历一番磨炼，每次思索、写作的过程都比较漫长。第三阶段表现为驾轻就熟，随着积累的丰富，思考模式、输出模式的形成和成熟，写作进入登堂入室的阶段，基本实现了写作自由。

在具体的学习过程中，一般要经历以下发展阶段。

（一）模仿

写作，是把思维成果物质化的过程，通畅内部语言思维和外部语言思维的渠道，是写作能力提升的关键。我们可以用批注、点评的方式加快内部语言向外部语言思维的转化。但是，对于我们通过阅读学得的写作技法，仍然停留在认识层面，距离我们按照技法写成文章还差一个由意识到物质的过程。我们还需要其他的手段把我们学到的技法变成大脑信手拈来、运用自如的成熟套路或者肌肉记忆。

《文心雕龙·通变》指出，“凡诗赋书记，名理相因，此有常之体也。”就是说文章总是有一定的常规的，是有规律可以继承和学习的。同时指出“先博览以精阅，总纲纪而摄契”，要先博览群书并精研细阅，抓住纲领加以吸收。尤其是应用文章，完全可以通过借鉴学习来入手。模仿，可以将写作技法引入思维，形成意识，让大脑学习各种写作套路，然后按照外部语言思维模式机械输出，并在大脑内形成内在的输出套路、模式、方法。模仿写作的过程中，一定有思考参与，一定会帮助模仿者提升写作思考能力。

模仿，就是照某种现成的样子学着做，是人类最基本的学习模式，模仿重在培养习惯，将操作层面的知识、方法内化为小脑的重复行为，这是人们学习新事物必须经过的重要阶段。以应用文写作为例，新同志可以把过去类似的文稿找出来，比照着进行写作。包括模仿文章结构、内容、表达，模仿标题、开头、结尾，模仿构思、造句、语气，等等。既可以模仿本单位的历史文稿，也可以模仿外单位的现成文稿。由于模仿处于写作的较低层次，因此模仿结果从应用的角度来看总是差强人意。一方面是陈旧，别人怎么讲、怎么表达，你也跟着那样讲、那样表达，所以总是毫无新意；另一方面是剪贴、拼凑甚至抄袭的痕迹常常十分明显，因为作者纯粹是模仿，也就是照着葫芦画瓢，往往离开样板就写不下去，结果只能对样板进行改头换面，且因改造得比较粗糙而破绽百出也是常有的事。

但是，模仿是人们学习新事物、掌握新规律的最简单实用的方法，其作用在一个人的成长过程中不可否定、不可低估。模仿的时候，是在研究别人的文章，这个时候，只要用心，就能认识到自己的差距所在、差距有多大。只要用心，就会对标学习，就会产生提升自己的需求，就会思考通过做什么、怎么做来提高写作能力。

（二）入门

经过一段时间的模仿，慢慢地对文稿写作有所体会，有自己的一些感悟，在此基础上能够按照文章应用要求把道理表达清楚，做到四平八稳、文从字顺、没有错误。大脑对各种写作套路、方法已经在一定程度掌握，并对这些方法进行相对熟悉的应用。这时，写作就基本入门了。

就应用文写作来讲，入门是一道坎、一个重要的标志。如果大家都认为某人写作入门了，则说明他已经彻底告别了模仿，从此进入了一个新的阶段，同时为向更高的阶段迈进奠定了基础。入门阶段承上启下，处于中间环节，是一个非常关键的阶段。当然，并非一入门则万事大吉。入门对于应用文写作也只是刚刚开始。刚刚入门的同志，起草一般性质的、要求不是很高的小文稿，也能轻松过关，但如果让他起草时间紧、要求高、分量重的文稿，恐怕存在的所有问题都会因此而暴露无遗。

（三）创新

入门之后，我们通过持续的写作，尝试在不同条件下，面对不同要求的写作题目，不断坚持，不断突破自我，在成功解决了写作过程中的各类困难和障碍后，处理这些困难和问题的技能和方法已经成为一种肌肉记忆，达到了一种随心所欲的状态。这就是一种精进状态。

简单地说，精进阶段就是想怎么写就怎么写，怎么写就怎么好，而且不管给什么题目都能写。从事文字工作，撰写各种文稿，要满足组织需要，要领导认可，不是一件容易的事情，因为领导的工作经验、人生阅历、辞章修养都比具体文字工作者要丰富，而现实又要求必须做到让领导认可，如何是好呢？那就只有进行创新。

创新主要表现在这几个方面。一是角度创新。对于同一个事物从不同的角度进行观察，一定会得到不同的印象。写文章要写出个性特色，一定要在思考问题的角度方面下功夫。苏轼《题西林壁》“横看成岭侧成峰”说得非常到位、非常经典。二是结构创新。面对大量的事理材料，需要运用合适的结构进行组织，组织材料的方法如果很新鲜也能够让人有耳目一新之感。三是观点创新。文章一定要以思想观点取胜，因为工作总是在继承的基础上逐步创新发展，所以一篇文章不可能全部都是新思想新观点，只要有一些新的东西能够叫得响就不错了。四是话语创新。与其说要话语创新，不如说要返璞归真。应用文写作最忌官话很多、官腔很重、官气很足，导致受众反感，直接影响到文章效果。这就要求在起草文章的时候，拟稿人要设身处地投入感情，尽量缩短与受众之间的心理距离，多说心里话；要勇于创新，不落俗套，不人云亦云，多讲新鲜话；要讲究文采，引人入胜，耐人寻味，多讲生动话。总之，所谓话语创新，也就是要讲富有个性的话、富有特色的话、富有时代精神的话，归根到底就是要说真话。有时，需要通过话语创新创造一些新的标志性的口号，或者针对具体时间和任务的特点，形成若干句容易记忆却又针对性强的“工作要点”，比如“八项注意”。有时，组织需要指导思想或者理念的系统更新，这就需要结合矛盾重点以及当前领导的风格特点形成一系列的、成体系的思路，并通过新的、具有特色的语言表述出来。五是继承创新。很多应用文章都是有周期性的，每年到达什么时间节点就要召开什么会议、起草什么文件，工作会每年都开，对照检查每年都作。普遍面临老题目写出新文章的要求，这就要处理好继承与创新的问题。这类文章不可能是全新的，因为工作内容不可能是全新的，这就要有所继承，也有所创新。所谓继承，就是要把持续坚持的突出出来。所谓创新，一方面是把老的题目写出新的思想、新的观点、新的意境出来，另一方面把新事物的精彩写出来。周期性文章也要在发展中通过创新跟上节奏，要通过寻找角度差异、阶段差异、环境差异、感情差异等不同体现出文章的新意，做到老题目一直有新意。

文字工作者如果能够在创新方面下够苦功夫，写文章的自由就指日可待了。但是创新的基础是对前期文章的批判与继承，也是一种超越。

（四）超越

在能够完成文章写作任务的时候，我们应当努力进一步提升自己，做到日进日升，不舍昼夜。

一是要超越自我。从一定程度上来说，应用文起草的日常实践，本身就是一个不断深入理解各项工作并努力突破自身思维经验的提升过程。因为只有这样，才不至陷入自我复制、自我重复、自我循环的困境，才能持续保证组织思想、观点指导的前瞻性和引领力。超越自我、突破自身最重要的是要有努力跳出个人思维惯性的自觉，最关键的是要有每承担一项新的写作任务都要争取迈上崭新境界的追求，敢于付出艰苦的思想劳动，敢于通过否定自我实现思想飞跃，进而做到超越自我。

二是要超越既往。超越既往，就是要超越自己和别人过去撰写的同类同种文章所达到的水平。这就要求我们，一旦受领材料起草任务，就要有超越该方面、该类型、该事务过去所有相关材料已达到的层次、质量和水平的追求。作为文章的起草者，首先要坚信确立这种追求不但绝非狂妄之想，而且是当好参谋助手的应有之义。想要做到超越既往，就要善于以批判的眼光审视过去积累的同类同种材料的优劣短长，在扬长避短、取优去劣的基础上破旧立新；就要善于用优质的标准筛选过去同类同种文字材料提供的素材资源，在披沙拣金、去粗取精的基础上推陈出新；就要善于按提纯的需求萃取过去同类同种公文材料的真知灼见，在抓住本质、去伪存真的基础上吐故纳新。只有这样，才会保证所起草的文字材料，既立足既往又能超越既往。

三是要超越预估。这里的预估是指交代公文材料起草任务的领导对承担任务者的期待。这种期待永远都是真实而客观存在的，但很多时候恰恰不被众人所关注和重视，甚至也被那些交代写作任务的领导所忽略和忽视。正因如此，如果作者能够把文章写得达到那种既在领导期待之中又超乎领导意料之外的层次，那么就在很大程度上标志着起草者已经具备了较为高超的应用文写作能力。要达到这种境界，应想在领导之前，结合实践观察分析相关问题，进而不断增强正确判断形势发展走向的能力，提高自身置身大局关照实际的思维水平，努力提升并达到见叶知秋、未雨绸缪的超前预知层次，更好地掌握想问题、办事情、当参谋、做助手的真本事。只有这样，才能在起草各种应用文时成竹在胸、心中有数。

在简要地阐述了应用文写作四个基本阶段之后，对于从事具体写作工作的人员，还需要总结几条。

一是要明确自己所处的阶段。不少新同志，学历挺高，年富力强、胸怀大志、工作积极，但写出来的文稿非常粗糙，有的连修改的基础都没有，更不要说可以使用了。他们很认真也很努力，但结果总是无济于事。这时，他们无一例外地感到自责、内疚而无所适从。原因是他们还处在模仿阶段，不熟悉、不掌握应用文写作的套路，不了解组织和领导的具体需求。明确了自己所处的阶段，下功夫努力就是了。要有信心和勇气，一步步地来，走过了这个阶段，迎接你的将是阳光明媚的春天。

二是要明确其间的递进关系。模仿、入门、创新、超越，各个阶段之间是逐步递进的关系，从模仿开始，经过模仿然后必须入门，入门之后还必须向更高的创新阶段挺进。同时，还要知道每一个阶段的跨越，都是从量变到质变的过程。所以，要实现质变，首先必须有量的积累。这里特别需要注意破除迷信思想，破除文章写作的神秘感。很多年轻同志，对文字工作高手十分佩服，甚至把文字工作高手予以神化，究其原因就在于没有明确这些阶段之间是一种递进的关系。现在你必须明白，“宝剑锋从磨砺出，梅花香自苦寒来”，“冰冻三尺而非一日之寒”，别人今天文章写得好，那可能是十几年如一日努力实践的结果，要实事求是地看待他已经取得的成绩，决不可有什么神秘感而盲目崇拜。只要你肯努力，若干年之后，高手就是你。

三是要通过刻苦努力不断实现阶段的新跨越。明确自己所处的阶段，目的是更加清楚地认识自己。明确阶段之间的递进关系，目的是更加客观地了解别人。而通过自己刻苦努力，实现跨越阶段的发展，这才是问题的关键。各个阶段之间的跨越速度，主要取决于个人努力的情况，如果悟性很好、手脚勤快、吃苦耐劳、勤于实践、善于学习总结，走完这些阶段可能更快些。相反的话，时间将会比较漫长，甚至始终无法登堂入室。

文字工作者要勤于练笔、肯于推敲、乐于琢磨、善于总结，要通过机械模仿、创造性模仿、自成风格等不同阶段，善于从挫折和失败中总结提升，在持之以恒中实现能力飞跃。

二十八、增胜

别人没想到的你想到了，这叫标新立异，别人没有达到的高度你达到了，这叫技高一筹。写作中经常见到一种现象，并不深奥的语句，经过不同人之手，却产生了意想不到的效果。同样的素材，经不同人加工应用，效果也迥然不同。化腐朽为神奇，应当是应用文写作中主动追求的功夫。

应用文背后代表着组织，部分应用文比如报告、汇报材料、发言文稿等需要直接在会议上宣读，不仅要顾及组织的实际需要，还要顾及组织的形象以及宣读人员的形象。这类文章需要与客体有很多的互动和交流，需要特别注意写作方法和技巧，让整个文章意境高远、文辞优美、情感丰富、措施有力，能够彰显组织和宣读人员的形象，也能充分调动客体的感情，更好地发挥文章的凝聚作用。

对于应用文而言，主要可以通过以下几个方面提升文章的高级感，为文章增胜。

部分关键字、案例要有投影效果。文章的言辞案例可以引发客体的联想，怎么利用这种作用增加文章的效果需要作者重点去考虑，尤其是要考虑文章应用的具体环境下、具体氛围下，怎么组织言辞和案例增加文章色彩，增强文章效果。

如果要突出政治高度，小标题和关键字要精选少数几个有政治符号的词，不必直接引用，而是借用这些词去破题，构建框架，引入话题。这些词可以引发人往更高、更深、更严肃的方面联想，自觉不自觉与高大上的目标尤其是政治人物、党和国家领导人的言行关联。如果要突出理论高度，关键词可以借用一些理论名词，无论是自然规律和社会规律的理论名词，目的都是要使客体在思想中把当前的事投射到更高的层面。能起到这种效果，文章自然增胜。

文章思维与客体思维之间有明显的对比度。意高文自胜。文章考虑的完整程度、周详程度要与客体之间有明显的反差，更彰显文章的周全和逻辑紧密。环境要求、理论要求、规律要求与组织内部现实之间的结合要紧密、自然，体现作者对事物本质的认识和把握，也考验作者的认识深度和学习深度。文章观点阐述的方式要具备立体性、系统性、整体性，展示程度与客体间散乱的认识形成反差。部分观点本身也要与客体间形成明显反差。这样文章就能实现意胜。

布局要大气、优美。文章布局合理、逻辑顺畅是基本的要求，如果要实现增胜的效果，文章结构、层级的标题必须要大气，不光要见逻辑，还要隐含一种高屋建瓴的力度，标题要有来头、有气势，结构要有张力，这样文章就能够实现形胜。

言辞成势。文章叙事说理要水到渠成，用词不必要体现进攻性和压迫性，但要有一定的冲击性和力量感。有时候需要人为设计制造冲击和震撼，以影响客体的感情和思想。让客体感受到意志和力量的共同作用，达到势胜的效果。恰当使用排比句式，可以让文章整齐、易记。同时，排比句富有节奏感和鼓动性，能够增强文采。

观点卓越。受众会对文章中表达的观点有一个感性的评价，文章实施后的结果会对文章内容的正确性、可实施性进行完整的评价。文章观点、方法、措施得经得起历史和群众的考验，才能说明文章伟大。同时，写文章的过程中，作者与组织之间，尤其是和组织领导之间在认识问题方面一直存在相互迭代提升的作用过程，如果文章的观点能够涵盖领导的观点，却又不仅仅停留在原来观点之上，对写文章这份工作，我们已经提供了超出客户预期的服务了。观点不仅要鲜明，还要独到，尽量做到见人所未见，言人所未言，使观点新颖独到、发人深省。观点带有倾向性、判断性、结论性，所以不能含糊不清、模棱两可，必须让人一听就明白，最好摆在最显眼的位置。不建议用普通的文字来叙述观点，而应突出、简练，用最简短精练的话，给人提神醒脑的感觉，让人一听就记住。如果文章必须要有亮眼的地方，希望能够体现在观点上。

和谐顺口。文章要写真话、实话、心里话，但是也要写成动听的话，尤其要把真话、实话、心里话写动听，文章才能见能力、见水平，才能进入胜境。文章读起来要朗朗上口，富有变化，要么铿锵有力，要么娓娓道来，能体现出诵读的美感，能够表现出一定的抑扬顿挫的音律感。具体阅读的人，尤其是做报告或宣读文件的人不会磕巴，也不会因为句子拗口导致读起来很累。作者要尤其注意，自己写出的文章，自己可能读起来比较熟悉也就比较顺口，但是不代表其他人读起来顺畅。

经得起考问。文章内容能否经得起推敲和考问，是关系到文章能否站得住脚的核心问题。一般而言，经过从材料、立意到结构，再到字斟句酌，文章写完后基本能够做到首尾圆和，经得起推敲。但是，变换角度后，或者从细节入手后还能否立得住就值得作者进一步思考。通常，文章审签过程中，各级人员的审查提问往往为文章内容的健壮性提供不少帮助。但是，作者本身也可以通过自身的努力，让文章更加稳健，更加经得起考问。最主要的方法就是自己对自己进行三番询问，首先材料是否是牢固的，这里包括引用的理论观点的出处是否权威、是否正确，数据是否准确，案例是否有代表性等。其次观点是否是牢固的，观点能在什么程度上指导实践，要求能在什么程度上取得效果。第三是情感是否得到抒发，这是一个只有模糊答案的问题，就是作者自己读文章时是否感到顺气、熨帖。能够通过自己的三番询问，文章在整体上应该都是能够引入胜景的。

增胜是对文章较高层面的要求，同时，千人千面，不同文章要塑造的形象也完全不同，文章要达到增胜的效果，作者一定要在充分表达意志的基础上，考虑好要塑造什么样的形象，再组织什么样的言辞。

二十九、复盘

应用文写作过程是一个思考结果不断迭代的过程，这个过程中，三种思维模式交互作用、共同发力，不断格物致知，形成了我们的产品。我们生产产品的效率和质量，以及我们的生产能力，需要在不断实践、不断总结复盘中提升。总结复盘分为两种形式。

（一）对应用文本身的总结复盘

对于应用文这个产品，一般通过组织审签、现场复盘、效果复盘等形式进行总结，帮助作者提升应对既定题目、形势下文章写作能力，也可以进一步提升作者思考和写作水平。

应用文写作中，除了作者个人的思考和写作外，一般在组织内还有一个比较完善的审签或者审查流程，作者思考的结果，经过这个流程的各个环节后才能真正付诸应用。因此要密切关注文稿的审签过程，分析研究各级领导修改文稿的情况。如果没有修改，是写得非常好而不用修改呢，还是写得非常差而无法修改呢？前者值得祝贺，后者则要推倒重来。最为常见的还是具体文字方面的修改，要分清哪些是语法、修辞、逻辑方面的修改，哪些是政策、法律、事实方面的修改，哪些是文章技巧、工作习惯、人生阅历方面导致的修改。通过深入仔细的琢磨，领会其中之奥妙，长此以往，才会有所成。

这里还有一个态度问题，不管是哪个层级领导的修改，都要一视同仁，只要你认真领会，都会有所收获。因为你在琢磨领导者文字修改的同时，可以了解领导的某些思路，这些思路既有写文章方面的，也有工作方面的。通过修改文稿了解领导思路，是文字工作者得天独厚的优势，可以说这才是问题的要害、最大的收获。

对于一些讲话材料，要进行现场复盘。亲自到会议现场去旁听，观察分析领导者演讲的实际情况。要认识到材料起草是一个完整的过程，这个过程应该延伸到领导者演讲、会后印发等环节，而不是写完通过审查就了事。因为在具体使用场景中的复盘对作者带来的感受更为深刻，效果也更为明显。要听领导者在演讲过程中是否增加了新的内容；要听领导者在演讲时是否流畅顺利；要观察现场与会人员的反应。不光是听，还要记，记录插话等增加的新内容，记录此时此刻自己的感受，在今后工作中这些有的要具体落实，有的要认真总结，有的要予以改进。

对于文章最终的执行效果，要进行使用复盘。我们要观察人们对文章的反应，对于引发的文章和领导现场的讲话，受众们是高度评价、充分肯定、完全赞成，还是横眉冷对、充耳不闻、不置可否。我们要关注有关工作部署和措施在实践中的具体落实情况，是不折不扣地得到了落实，还是有的落实了，有的没有落实。我们要观察讲话稿和决议等文件印发前后工作开展情况的对比，从工作进展情况看贯彻落实的成效。根据我们收集到的情况，再回到写作构思的过程，反思应该用什么样的形式写作，提升观点建议与具体工作的契合度，提升对受众的吸引力，为组织开展工作凝聚力量；反思落实中存在什么问题，是没有把握问题本质还是要求针对性不够，还是存在某些我们没有考虑到的因素影响。

要争取机会参加一些调研和督察活动，了解文章涉及内容的落实情况，落实中存在的问题，各级组织对文章的具体评价，这对我们提升写作极具价值。同时，我们可以利用私下交流等场合掌握最真实的情况，为我们提供最真实的参照。

（二）作者自主的总结复盘

一方面是及时总结写作经验得失，边写边总结，及时记录写作过程的想法、感悟、经验体会。第二方面是从正反两个方面进行总结。在写作的过程中，哪些方面处理得好，哪些方面得到领导的认可和群众的好评，证明自己在这方面的思考和把握是正确的，这就是成功的经验，对此要认真总结。相反，对于失败的教训也要认真总结，深入分析并找出其中的原因，提出今后改进的方法和对策，力求避免同样的问题、低级错误再度发生。对于从事文字工作的人而言，一定要善于从正反两个方面进行总结，从而不断完善自己的思路和方法。第三方面是注意经验总结的方式方法，随时记，随时整理，积少成多，形成作者独有的方法论和写作思想，并用于后续的具体写作。

（三）回归理论的总结复盘

写作过程中遇到的问题以及形成的应对经验和解决方法，要及时结合写作理论知识进行固化和提升，一方面深化对理论的理解和认识，一方面结合理论提升当前经验方法的系统性和全面性。

在实践中学习理论，在理论的指导下提升写作能力，作者距离实现写作自由才会越来越近。

应用文致用的属性，决定了总结复盘的重要意义，本次写作内容的效果将成为下一次写作的工作总结，本次文章内容在执行中存在的问题，将成为下一次写作中的工作重点。本次写作的成功之处、问题所在，也为下次写作提供了借鉴。

三十、本质

应用文写作到底是在干什么？或者说应用文写作的本质是什么？价值是什么？这些问题从我们描述应用文的写作过程中可以找到一些答案。但是，对于每一个为文字上下求索的人而言，这些答案还不够，我们知道了为什么写这些文章，因为工作需要、因为职责所在，但是这件事到底是一个怎样的过程，或者文字工作者在这里到底发挥一种什么样的作用，扮演一种什么样的角色，我们应当更精准地认识这个问题，才能让我们在工作中直接奔向最核心、最本质的内容，而不会因为表面现象、无关事物的干扰耽误时间或者误入歧途。同时，把这个问题描述清楚，也可以最大程度上让新人尽快认识写作的本质，尽快把握写作的真谛。在一定程度上，能否准确认识这个问题成了能否实现写作自由的关键。

应用文写作人员是信息处理器。应用文写作经历从物质到意识，再从意识到物质的过程，就是一个接受并处理信息，进而产生新的信息的过程。应用文写作为组织立言，就是充分对组织内外部信息进行收集处理，并结合组织发展需求就各个层面提出新的思路、方法、措施，且源源不断地产生这些东西。因此，作者，先是一个处理器，能够也必须对大量的信息进行分析处理，成为写作的基础。同时，也是因为对信息充分掌握和充分消化，才能为新思路、方法、措施的产生提供基础。

文字工作又一个本质就是创新，也是思想的生发器。生发器本身就具有无中生有的含义，文字工作者必须就当前信息处理后拿出新的结果。没有观点创新的文章就是材料的堆砌，哪怕辞藻再华丽，终究华而不实，没有解决实际的问题，发挥具体的作用。经过大量信息处理后，利用作者的思维提出符合组织需求的观点，并发挥文章的作用，这是对作者的必然要求。这里需要把思维模式全面启动，长期思前想后，只是为了等待灵感降临的瞬间，找到那个符合理论逻辑、又符合组织实际的答案，并用适当的言辞表述出来。那个时刻没有天使的辉光、没有圣诞老人的笑声，只有无尽的愉悦传遍全身，让一切等待、付出都有所值。

所以，有些人文字能力不差，但是写不好应用文，因为文字能力好只能表现出美观的句子，不必然代表有新颖的观点。理解这个本质，大家就能知道为什么很多学历很高、专业对口的人写不好应用文，或者需要很长的培养周期才能写好应用文，因为徒有丰富的文字，观点是枯竭的。而一些理工科的毕业生应用文写的不一定差，因为创新思维能力强的前提下，文字基础非常容易补，相对于文字能力而言，创新更为稀缺。

文字工作又是集成器。所谓的创新，是信息处理加工后得出新的逻辑结果。同时也是众多观点、思路集成后得出的整合结果。很多文章既要体现信息的完整全面，又要有一定的思想理论高度，还要有一定的形象要求。这就要求作者本人习惯于向最基础处找原因，在最顶层处找方法。站在信息之上总结信息，站在观点之上产生观点，先富集，再格物，再致知。关起门来当领导只是一种工作方法，对于组织内的文字工作者而言，每一篇文章起草初期，领导只是信息来源的一种，观点来源的一种，是集成、创新的基础之一，而创新才是作者的主要工作。

因此，应用文写作就成了组织内最纯粹的思考行为，专职从事文字工作的人也就成了组织相对深刻、系统的思考者。真正的决策者可以根据形势作出决策、发出指令，但是往往需要通过应用文作者的思考来补充逻辑、完善体系。同时，应用文作者也需要以当前决策者既有举措和指令为出发点，构思后续细化内容。或者基于当前政策指令，经过逻辑思考后提出对应的建议或者改善措施。

应用文写作的另一个本质是揭示运行于组织内的规律。组织内的规律，也是组织个性的体现。虽然应用文写作要原道、宗经、征圣，但是在宏观规律之下，组织的个性仍然存在，组织内的规律不见得普遍适用，也不见得长期合理，但是总是在一定时间和环境下合理存在。应用文作者在结合组织的矛盾运行情况进行分析后，抓住矛盾的主要方面，结合组织内的运行规律，结合具体的环境和对象，提出兼顾组织发展需要和运行规律的观点、原则，指导组织的发展。应用文写作研究的不是国家政策在组织内如何实施，而是通过起草稿件，形成这一级组织内通行的政策，就国家政策向政策研究人员及应用文写作人员咨询的，都是不了解文字工作本质的人。

应用文写作人员有意无意之间就承担着组织内理论创新的功能，尤其是重大人事变动前后，组织要以新的姿态进入一个新的发展阶段，此时应用文写作人员就面临较大的理论创新压力，必须对组织内部矛盾进行分析后拿出创新的、导向性的口号、目标、理念、观点。并用这些内容引领整个组织的思想、理念、行为的转变，这也是文字工作对一个组织影响最大的方面。

应用文写作的本质，就是作者利用自己的视野和站位高度，在认识高度上与受众之间形成相对优势。就是利用自己对问题思考的深度、对问题本质的把握，在认识深度上与受众之间形成相对优势。就是利用自己的知识储备和理论储备，在信息方面与受众之间形成相对优势。能够与受众建立信息差、高度差、深度差，应用文就可以引领受众。但是，应用文很大程度上是为组织领导服务，要得到组织领导认可，要在一定程度上能够让领导觉得文章与自己的形象、地位、风格相匹配。因此，还要在认识、知识、高度、深度方面符合领导的预期。

学习应用文写作，本质就是训练一种思维能力。文章是将三种思维模式灵活、有机组合，产生思考的成果。学习应用文写作的过程中，要形成每个人独有的思维套路，思考要能够做到直达问题本质，要有强大的逻辑能力和直觉，能够有效撇清表面现象的滋扰。

学习应用文写作，最本质、最有效的方法就是每天写一些，哪怕刚开始写得一无是处，或者每一个字都写得艰难，只要坚持一段时间，通过一次又一次的积累，把难点磨掉，把难以克服的心理障碍克服掉，就会进入豁然开朗的阶段，写东西就像开了挂一样，达到了一种自由的状态。因为写作中所有可能的困难你都遇见过了，或者多次战胜过了，你再面临一篇稿子的写作任务时，所有潜在的难点对你来说都驾轻就熟，解决起来都无比顺利，这个时候还有什么稿子能够难得住你呢！

对组织而言，应用文写作的本质是一个过程。一般由素材的提供者、代拟稿提供者、作者、审签、使用者（组织领导）共同完成。作者在代拟稿和素材的基础上，综合对文章涉及工作的理解、对领导的理解，统筹各方要求后起草文章。各级审签在文稿的基础上再发挥一次作用，最后由组织领导确定文章内容。作者是站在组织全局的视角考虑这篇文章，组织领导站在作者的文章基础上给文章定稿。这里每一个环节都发挥着对应的作用，就像一个人吃了三个烧饼后饱了，一定是三个烧饼共同作用的结果，不只是某一个烧饼的作用。同时，稿子中也汇集了各个相关层级的智慧，也兼顾了他们想要表达的内容。因此，应用文写作是一个以作者为主，汇集众人才智和期望的过程。

同时，一篇文章从无到有，是一个持续成长变化的动态过程，既包含作者思维成果的迭代和优化，也包含文章从具体的要求到大致的方向到立意和结构框架，到附辞会意，再到不断修改完善，最终定稿的过程。要经过物质到意识的巨变，也要经历意识到物质的巨变。文章具体写作中，就造就了一个生命体，由诞生，到成长，再到成熟，期间的变化可能会远超作者意料，但也都在逻辑之中，既定的时间和环境之下，既定的目标之下，文章应该是客观的，或者受约束的，不以作者的意识为转移。构思及写作的过程，就是在多大程度上把它发掘出来的过程。

参考文献

[1] 何国新．浅谈学习机关文稿写作的三个阶段［J］．应用写作，2015（5）．

[2] 何国新．务为有补于世而已矣［J］．应用写作，2013（8）．

[3] 张文学．把握机关公文写作“六化”要诀［J］．秘书之友，2017（11）．

[4] 张莉．公文写作的语言风格［J］．忻州师范学院报，2017（6）．

[5] 王道凤．公文受众、领导和写作者三者关系新释［J］．应用写作，2019（6）．

[6] 李斌．公文写作文体思维模型研究［D］．成都：四川师范大学．

[7] 沈策．公文语段写作研究［D］．长春：长春理工大学．

[8] 张金烨．公文写作应追求大道至简［J］．应用写作，2019（1）．

[9] 赵志伟．分析公文写作中模糊语言的运用［J］．办公室业务，2012（12）．

[10] 张江艳．从刘熙载视角分析苏轼和王安石的一场论辩［J］．秘书，2019（4）．

[11] 田海江．公文写作［M］．北京：国防工业出版社，2006.

[12] 刘伟民，孟庆荣．公文写作活动中的失语现象及分析［J］．应用写作，2006（9）．

[13] 闵庚尧．公文用词的基本原则［J］．办公室业务，2009（1）．

[14] 李晖．谈公文写作主体的“内在功力”［J］．湖南科技学院学报，2016（12）．

[15] 何国新．浅说机关文稿写作的境界［J］．秘书之友，2018（5）．

[16] 何国新．问渠那得清如许——浅谈机关文稿写作的准备［J］．应用写作，2014（6）．

[17] 张婧．公文写作思维模型与语言模式研究［D］．长春：长春理工大学．

［18］ 臧杰斌．想得明白，才能写得明白——谈谈文稿起草应该如何立意［J］．秘书工作，2020（3）．

［19］ 何新国．必先得成竹于胸中——浅谈机关文稿写作中的思考问题［J］．应用写作，2015（3）．

［20］ 王红燕．写作工作报告中的形势分析应把握“五个结合”［J］．秘书之友，2019（8）．

［21］ 唐文金．党政机关文稿写作进阶之道［J］．秘书工作，2021（1）．